U0641559

图解 **精益制造** *061*

丰田生产方式
导入与实践诀窍

工場改善シリーズすぐに使えるトヨタ生産方式

導入・実践ノウハウ集

[日] 竹内钲造　著

邱晓勇　译

人民东方出版传媒
People's Oriental Publishing & Media
东方出版社
The Oriental Press

图字：01-2018-9098 号

KOJO KAIZEN SERIES SUGUNI TSUKAERU TOYOTA SEISAN HOSHIKI DONYU JISSEN KNOW-HOW SHU

Copyright © 2011 Shozo Takeuchi

Chinese translation rights in simplified characters arranged with JMA MANAGEMENT CENTER INC. through Japan UNI Agency, Inc., Tokyo

中文简体字版专有权属东方出版社

图书在版编目（CIP）数据

丰田生产方式导入与实践诀窍／（日）竹内钲造 著；邱晓勇 译. —北京：东方出版社，2019.9

（精益制造；061）

ISBN 978-7-5207-1164-7

Ⅰ.①丰…　Ⅱ.①竹…②邱…　Ⅲ.①丰田汽车公司—工业企业管理—经验

Ⅳ.①F431.364

中国版本图书馆 CIP 数据核字（2019）第 180087 号

精益制造 061：丰田生产方式导入与实践诀窍

（JINGYI ZHIZAO 061：FENGTIAN SHENGCHAN FANGSHI DAORU YU SHIJIAN JUEQIAO）

编　　著：	［日］竹内钲造
译　　者：	邱晓勇
责任编辑：	崔雁行　高琛倩
出　　版：	东方出版社
发　　行：	人民东方出版传媒有限公司
地　　址：	北京市朝阳区西坝河北里 51 号
邮　　编：	100028
印　　刷：	北京文昌阁彩色印刷有限责任公司
版　　次：	2019 年 11 月第 1 版
印　　次：	2019 年 11 月第 1 次印刷
开　　本：	880 毫米×1230 毫米　1/32
印　　张：	9.375
字　　数：	179 千字
书　　号：	ISBN 978-7-5207-1164-7
定　　价：	68.00 元

发行电话：（010）85924663　85924644　85924641

版权所有，违者必究

如有印装质量问题，我社负责调换，请拨打电话：（010）85924602　85924603

/目 录/

第1章
✛
丰田生产方式的本质

第2章

✛

生产制造实力的自我诊断

第3章

✛

生产制造水平从 C 级提升到 B 级

第 4 章

✛

组装工序的流动化——实现单件流

第 5 章

✛

整流化——用必要数量来决定生产节拍

第 6 章

✤

零部件加工（冲压/注塑/实装等）的生产方式——后工序拉动

第 7 章

✤

自働化和自动化——让质量被生产出来

第8章

⁜

可 视 化

第 9 章

❖

管理指标

第 10 章

❖

现场管理的工具

第 11 章
✛
生产制造水平从 B 级提升到 A 级

/中文版序/

这本书在 2011 年初版，2017 年发行第二版，很高兴这次中文版能和大家见面。在此数年间我曾对其中的内容进行了多次审视，对于书中为了达成当初设定的最高生产制造水平，应该做哪些事情等方面的内容，虽然十年时间过去了，但我认为没有需要修正的地方，大家完全可以拿来使用。特别是第 8 章以后的可视化、管理指标、现场管理的工具，以及生产制造水平提高相关的内容，仍然有很多公司没有做到，大家如果在公司内推行这些项目，我相信公司的实力会得到很大的提高。

在制造现场判断事物时，应该按照安全、环境、人事、品质、生产、成本、设备保养的顺序考虑。有时成本是最优先考虑的，应该更正过来。这本书是以我擅长的生产领域为主写的，但也没有忽略质量和人事方面的内容。

TPS（Toyota Production System）被称为"像溪水流动一样"的生产方式。但我们却经常看到很多现场因没有材料和零部件，而不得不变更生产计划，只有消除这种状况后，再实施本书里记载的内容，才会得到更有效的结果。避免制造现场以外的原因导致生产中断，是 TPS 成功的前提条件。

丰田汽车公司成长至现在的规模、成为引人注目的公司之一，主要靠"对理所当然的事情愚直地执行，一旦决定开始，就集中所有力量采取行动，不轻言放弃、坚持到底"的企业文化。

希望各位读者也一样，按照书中的内容，尽快采取行动、坚持不懈，早日让自己的公司变得更优秀。

竹内钲造

2019 年 6 月 30 日

/前　言/

在谈论丰田生产方式的时候，一般来说会涉及作为丰田生产方式的基本、以 KANBAN 方式为代表的"准时化（JIT）生产"和带人字偏旁的"自働化"这两个支柱活动。关于这方面的内容，已经出版了很多相关书籍。

但实际上丰田汽车除了这样的生产制造组织方法、流动方式外，还开展了很多很重要活动。归纳起来就是大野耐一先生经常提到的"赚钱的 IE"和"产生智慧的功夫"。

对于通过这些活动培养出来的丰田的员工，如果改善不能持续进行，就会感觉好像掉了什么东西。他们经常会为了寻找改善的课题而不断巡视现场，如果发现的改善课题很大，就会燃起极大的热情，并自发形成团队，团结一致地去解决问题。如果改善活动取得了良好的成果，上司会安排他们在全公司进行发表的机会。丰田公司制造现场每年都召开 1—2 次由部长以上干部参加的改善发表会。

在丰田，到处充满了这种"重视现场"和"评估改善是否在现场产生成果"的活动。正是这些活动密切地关联在一起，才形成了丰田汽车生产制造的文化。我离开丰田后，作为生产制造的顾问，参与了与丰田公司完全不同的生产制造系统的改革，从那时起从一种完全不一样的角度回看丰田汽车，又得到了各种各样新的启发。

本书主要从这些新的启发入手，以活跃在现场第一线的管理者和监督者们为阅读对象，就生产制造的水平提高方法为内容下笔写作而成。希望给生产制造的管理、监督者们在自己的现场，将丰田生产方式作为指导思想推进改善和改革的时候，提供马上可以使用的资料。期待大家按照这些资料推进改善活动，使自己的职场不断发生变化，变得越来越好。

创造了作为本书核心基础的"丰田生产方式"的丰田汽车公司，自1937年开始运营以来，经过不断的试错和反复改善，大约在40年后的1972年第一次石油危机后开始被公众了解。但是，直到现在它仍然处于对"基本原则的贯彻"和"整流化"等内容持续改善的状态。

而且，各位读者的公司在思维方式和生产经营环境上，与丰田存在很大不同，如果不改变这些多年形成的根深蒂固的生产制造想法，是很难产生理想的成果的。改变这些固有思想，通常需要3—5年的时间，所以希望各位务必推进持续性的改善，否则产生的成果也是一时的，无法形成生产制造的核心能力。

本书立足于让各位读者所在公司的活动不要停留在一阵风的状态，为大家不断诊断和提高公司生产制造系统整体水平，提供一些切实可行的方法。

第 1 章介绍了丰田生产方式的本质，介绍了现在丰田汽车公司如何利用制造现场水平的评估促进持续改善活动。

公司持续生存就需要赢利，丰田生产方式的活动是如何与经营指标、成本管理联系起来的。

第 1 章的目的是让大家了解制造现场的改善（改革）活动及丰田生产方式，是怎样与公司的经营管理关联起来的。

希望大家能明白开展改善活动对公司利润的贡献，从而更加自信地开展改善和改革活动。

对这些内容不感兴趣的读者可以跳过这个章节，直接进入第 2 章生产制造实力的自我诊断。

第 2 章是对职场的生产制造实力现有水平进行自我诊断，以明确今后努力的方向。

为了使大家能够较容易实施这个评估体系，我把评估的项目尽量控制在最少的程度，包含 15 个项目。

各位读者所工作的公司如果对其他内容也非常重视，可以自己增加项目，但请大家注意，项目越多，对评估者的专业程度要求也越高，使用起来也会更困难。

自我评估人严格或宽松程度不同，对每个项目打的分数是有差异的，所以与评估分数相比，根据评估结果使现场向更好的方向变化更为重要。

第 3 章之后的部分，讲述了把评估结果往更高水平提高的方法。比如水平从 C 级向 B 级提升的具体对策，在有限的篇幅里，我尽量详细地和大家讲述这些方法。

希望大家借助阅读本书的契机，对现场进行自我评估，往更高水平的方向提升工厂的生产制造实力。

竹内钲造

2011 年 1 月

/译者序/

日本工业生产从无到有一路走来，不仅为世界提供了丰富的高质量产品，因为他们对产品实现过程精益求精的改善，也给世界贡献了他们独特的工厂运营管理方法和理念。生产制造不仅是一个实现产品和服务的现场，更是广大从业人员的修炼道场。精益制造不仅是一套固定的改善思想和工具，也应该是一个世界工厂从业人员对自己职业充满仪式感的信仰。

受《精益制造》系列图书的启发，我又重新拿出几年前竹内老师从日本特意寄给我的样书，反复阅读后，发现本书无论是在内容的体系化，还是在实用性和易读性方面，特点都非常明显。所以我决定将这本书介绍给大家。

竹内先生曾在丰田工作30多年，并且担任丰田本社的丰田生产方式主查，后被丰田派往松下电器，带领生产革新本部的一些专家，负责松下电器全球600多家工厂的精益变革工作（我因为负责东北亚地区的业务，有幸在此期间与竹内先生共事），经过几年的持续努力，在产品物料采购、生产制造和市场流通的供应链轴维度的质量提高、成本降低和库存削减方面取得显著效果，在新产品研发、试制和量产环节也取得了丰硕的成果。

通过每年对将近100家工厂的访问和指导，对于如何使丰田生产方式在丰田以外的行业和企业落地，竹内先生积累了丰富的经验，总结了很多心得。本书正是从这个角度出发，从工厂整体经营的视角，阐述丰田生产方式的思维方式、方法和实用工具在生产现场实际应用的诀窍。本书所记载的部分工具和案例是竹内先生带领几十位日本的工场长组成的团队，在推行生产制造系统变革过程中提炼总结而来，竹内先生用简单明了的语言和图例，通熟易懂地介绍给大家，具有很强的实用性。

竹内先生对丰田生产方式和生产制造的理解是一种融入血液的深度，书中不仅深入浅出地介绍了"准时化"和"自働化"的思想和具体方法，简简单单的语言使我们对丰田生产方式"有型的部分"有了深刻的理解，方便初学者快速掌握，也能启发专业人员对其本质进行把握。

竹内先生还在书中不失时机地对丰田生产方式"无形的部分"进行了解释，指出"赚钱的IE"和"产生智慧的功夫"是日本改善的思想内核。"赚钱的IE"是指导改善的实效性，要求解决实际的问题，而不是像做练习题一样套用工具和方法，这是改善能够持续下去的主要动力；"产生智慧的功夫"是指在"让更多的人看得见问题"方面下功夫，通过对关键事实的呈现，管理者努力为改善智慧的产生创造条件，这是全员参与的主要动因，相比很多企业为了快速发动全员参与，大张旗鼓搞物质奖励，要更加合理和有可持续性。对丰田生产方式已经融会贯通的竹内先生，没有用大篇幅介绍这两点内容，但是他将这样的观点和思想润物细无声地融入每一个工具或方法的解释里。通过接触这样的思想，我相信读者朋友会对丰田生产方式的方法和工具有更深的认识，甚至创造出适合自己公司的方法来。我想这也是丰田生产方式在其他行业或企业落地成功的"诀窍"之一吧！

此外，与其他介绍丰田生产方式的书籍不同的是，竹内先生这本书给生产制造人员提供了更宽广的视角去审视生产制造系统，他用简单易懂的方式将现场的改善与公司整体经营的关系讲述出来，使读者更加深刻地领悟现场改善对公司的意义，以及可以期待的结果是什么。竹内先生没有局限在工序的改善上，他以追求更好的安全、质量、成本和交货为目的，通过15个自我评估项目，覆盖了制造型企业的大部分流程，读者按照这15个项目对自己的企业进行自我评估，能了解工厂现在的水平，还能明确改善的方向。读者也可以按照这样的思路，根据自己企业的实际情况，建立起自己企业独有的评估项目和尺度。

很高兴看到竹内先生著作的中文版发行，老先生赠送我日文版书籍已经过去六七年时间，我一直没有下定决心将它介绍给中国读者。一方面是我原以为国内介绍精益生产的书籍已经很多，没有深入比较竹内先生著作的独特性；另一方面是我本人这些年一直负责企业的具体运营，没有静下心来整理翻译。现在能够如愿。在此，感谢东方出版社相关领导的支持和帮助，也感谢领导、同事和家人的支持。因本人知识、语言水平及时间所限，翻译过程中问题在所难免，欢迎大家写邮件与我交流（qiuxiaoyong@sina.com）。

邱晓勇

2019 年 6 月 21 日

第 1 章

✣

丰田生产方式的本质

本章的内容

什么是丰田生产方式呢？坦诚地说，即使是身处丰田内部，也很难用一句话说清楚。我在丰田工作的时候，各种工作的课题已经应接不暇，几乎没有时间考虑这个问题。

我担任"TPS主查"后，才开始对丰田生产方式进行认真的思考。工厂内不同的车间是否能用相同的丰田生产方式思想来指导生产呢？为了实施丰田生产方式有没有共通的指标呢？诸如此类的问题。

其后，我有幸从丰田调到松下电器产业（现Panasonic）工作，对松下的生产制造相关的业务进行指导。那时我开始从一个外部人员视角，重新审视丰田生产方式，又得到很多新的感悟和启发。

这一章我会从内部和外部的角度，叙述丰田生产方式核心部分的内容。

除了讲述丰田生产方式中JIT和自働化的基本思考方法外，我还想向大家介绍一下支持丰田汽车发展的组织风气和管理机制方面的内容，包括建立持续改善的土壤和削减库存的管理机制。

1-1 // 丰田生产方式的两大支柱

丰田生产制造优势是以丰田生产方式的两大支柱为主干，以下 1—6 项的内容为落脚点相互调和发展而成的。

两大支柱就是以彻底消除浪费降低成本为目的的**及时生产（JIT）和自働化**。下一节内容会对及时生产和自働化分别进行说明，在这里主要说明一下这两大支柱是如何相互交织影响日常的改善活动的。

首先，及时生产是指"把需要的产品按照需要的时间和需要的数量"来生产制造。不持有过多的库存，也不让客户等待。通过后工序拉动、用必要数量决定生产节拍等不生产过多的管理机制，以及单件流等工序的流动生产使库存保持最低限度，将人和管理流程的浪费进行可视化的改善推进方法。

带单人旁的自働化是指"生产线出现不合格品时自动停止或人为停止"的思想，使异常容易被发现。生产出不合格品的时候，不仅认为是产品质量的异常，而且看作人或设备的动作脱离了标准状态，要将其停下来。生产线停下来肯定是出现了什么异常，这样亟须解决的问题也就会显现出来。这些问题得到解决，生产制造的实力也就加强了。

以这两大支柱为基础使改善课题显现出来，通过改善使成本降低的同时，参加改善的人也得到了培养，企业体质会变得更强。

丰田生产方式（Toyota Production System）

企业如要持续生存赚钱就很重要

基本想法

生产制造方法不同，成本就不同

- 认识浪费
  不增加附加价值的所有内容
- 能率的考虑方法
  表面的和真正的、个别和整体
- 稼动率和可动率

生产效率提高

- 人员效率
- 设备效率
- 材料效率

所追求的目标

通过彻底消除浪费降低成本

- 必要的东西，在必要的时候，
  生产必要的数量
- 更好的东西，更低的成本

平准化生产是前提

自 働 化

准时化JIT

省人

- 通过防止异常再发生提高生产效率
- 人的工作和机器的工作分离 弹簧弹出装置

品质保障

- 安灯、生产管理板、标准作业票
- 能发现异常 自动停止、定位置停止
- 发生异常时马上停止

后工序拉动

- 把【看板】作为工具 指示生产和搬运的信息，工序作业改善的工具 用眼睛看的管理工具（防止生产过多、进度检查）
- 搬运→物品和信息统一 ★定量不定时搬运、定时不定量搬运

用生产必要数采决定节拍

- 少人化→生产负荷饱满成为常态 打造任何人都可以加入生产的生产线
- 标准化→使工作责变化而生产效率不降低

工序流动化

- 批量生产的工序小批量化→切换时间的缩短
- 使用易于将物品流动整流化的设备
- 按照工艺顺序摆放设备（设备布局）
- 多能工化
- 承担多个工序
- 同期化
- 单件流

减少停顿

能发现异常 → 出现改善的需求 ← 很容易发现浪费

人才培养·改善（削减成本）

企业的体质加强

1-2 // 丰田喜一郎提倡的 JIT 思想

1937 年 8 月，丰田利三郎社长和丰田喜一郎副社长两位领导人创立了丰田汽车工业。当年，着手建设举目工厂。在那时丰田喜一郎就说"光零件的种类就有两千到三千种，如果不做到不多不少及时供应零部件的话，会导致资金占用过多，使能够生产的整车数量减少""即使是 1 根螺栓 1 个螺帽也做到及时供应，是我最想拜托大家的事情"。

尽管如此，当时工厂每月生产 1000 辆车，却有相当于 6500 辆车的零部件库存，因为有 6.5 个月的库存和材料，加上 1949 年的"道奇路线"抑制通货膨胀和单一的外汇政策，使得公司的资金回收困难，爆发劳资冲突、公司濒临破产的边缘，最终丰田喜一郎社长离职，事态才得以平息。

在这样的背景下，大野耐一从美国的超市方式里得到灵感，创立了后工序拉动的 KANBAN 生产方式。

丰田的员工就"及时"对生产制造的重要性，是从这段历史而来的。

不是进行集中的采购，取而代之按照需求的数量在必要的时候进行采购，尽快变成产品、实现资金的回收。这样做不仅加快了资金的周转，而且减少了利息成本，增加了利润。

现在所讲的现金流经营，是从 1937 年开始追求的目标。

※作为 GHQ 经济顾问来到日本的底特律银行董事长约瑟夫·道奇（Joseph Morrell Dodge）提案并上报，是保证日本经济自立与安定的财政金融紧缩政策。

创业时期的生产制造

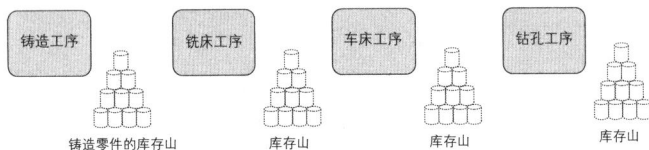

铸造工序

铸造零件的库存山

铣床工序

库存山

车床工序

库存山

钻孔工序

库存山

工序之间堆积如山的库存需要挤压很多资本

受到超市运营方式的启发（根据大野氏的创意）

お寿司

需要的人自行去拿取的方式

平准化是前提

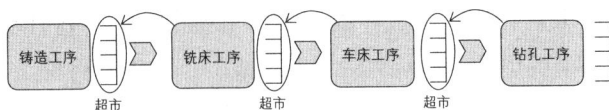

铸造工序

超市

铣床工序

超市

车床工序

超市

钻孔工序

后工序按照所需要的数量，在需要的时候
去拿取，确立了【看板方式】

1-3 // JIT 管理的前提条件

要成功实施及时生产方式，以下的六个项目，以及在任何时候都能生产出合格的产品，是不可或缺的。

①人的安定化：无论是采用外包作业还是临时工的形式，现场直接作业员的稳定率没有达到 95% 的话，会直接影响现场的氛围，就很难达到安定的生产制造。

②零部件供应的安定化：即使只是少了一个螺丝或螺母，也会影响到整个产品的制造，所以按照产品的组装生产计划提供零件和材料是不可或缺的。

③避免设备长时间停机：设备出现故障后需要 1—2 天的时间修复，这样是做不到 JIT 生产的。设备的保养是非常重要的内容。

④标准化：在①项里提到人的安定化，但是人完全不变化是做不到的。为了让生产制造即使人员发生变化，也不会影响到质量和安定的，标准化是不可或缺的。

⑤5S、3 定：做好 5S（整理、整顿、清扫、清洁、素养），使任何人都能快速取出所需要的东西。

⑥质量的安定化：质量的安定化不可或缺。我曾经经历过直通率在 93% 质量状况下，做到"按后工序要求的顺序出货"这样非常困难的事。为了做到 JIT，质量直行率水平在 95% 以上是比较理想的。特别是在冲压、注塑等需要切换品种的车间，为了应对市场变化，必须推行小批量生产。那么缩短品种的切换时间在所难免，切换之后尽快确保质量也非常关键。

使JIT的机制能够轻松愉快地实现

①人员的安定化：减少人员变动的活动

技能地图

← 相关技能

↓ 人员

技能的可视化

	完全不会 Impossible to work
	需要在指导员帮助下完成 Possible to work with assistant
	虽然时间较长，但能按照标准的步骤独立完成 Possible to work by himself following std. work seq.
	能遵守作业标准在规定时间内完成 Possible to work within std. time following std. work
	能教别人 Possible to teach to others

②零部件供应的安定化

③避免设备长时间停机

设备的保养状态可视化

④标准化

落实作业要领书

⑤5S、3定

定置・定物・定量

	前	
DE高棚ガソリ	30	
左	4731-5●	右

⑥质量的安定化：95%以上是直行率的理想水平

1-4 // 自働化的思想和起源（丰田佐吉发明的自动纺织机）

在丰田佐吉和丰田喜一郎关于自动纺织机的一系列发明里，有一项是在纱线上挂一个金属块，当纱线断了金属块掉下来使机器停止的技术，在1909年获得发明专利。这个发明消除了纺织生产断纱后持续生产导致的批量不合格。此后在丰田汽车，一直努力追求在加工设备上安装这种不生产不合格品的装置。

比如说当钻头断了后，机器不能加工出符合规定深度的孔时，设备能自动停机。在设备上安装监测钻头长度的装置，当检测到钻头的长度不对时，就会使设备停下来。利用类似的装置，构筑不制造不合格品和不流出不合格品的管理机制。

是否能把这种方法应用到以人工作业为主的组装工序呢？由这个想法便产生了定位停止的概念。正在工作的员工发现自己出错或者前工序出错时，就拉动身边的停止线使传送带停下来。但传送带不会马上停下来，而是走到规定好的地方停下。因为从拉下停止线到传送带停下来还有一定的时间，其间领班来处理好了，传送带也就不停了。通过这样自动化思想的运营，向不良品为零的境界努力。

为了传播这样的内容，所以没有采用"自动化"这三个字，而是用带单人旁的"自働化"进行区分。另外，自働化的另一个含义就是省人的自働化，也就是说省人化也包含在里面。

综上所述，**自働化包含"质量是制造出来的"和"省人"两个方面的含义。**

自働化的道具和思想（丰田佐吉的自动纺织机）

切断落下
金属制的刹车

纵线被切断后，被纵线吊着的金属薄片就会落下来，设备感知到金属薄片落下，马上就会把纺织机停下来。采用轻质的金属薄片减少纵线的负荷。

（1）正常工作时

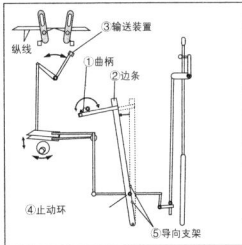

③输送装置
纵线
①曲柄
②边条
④止动环
⑤导向支架

随着曲柄①旋转带动边条②摆动，与此同时带动输送装置③上下摆动，此时止动环④保持原位，摆动的导向支架顺畅通过。

（2）纵线切断时

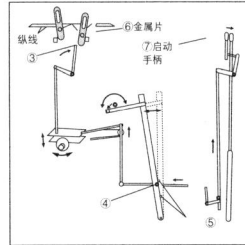

⑥金属片
⑦启动手柄
纵线
③
④
⑤

一旦纵线断了，金属片⑥就会落下，阻止输送装置③运动，此时止动环④就会变换位置挡住导向支架⑤，从而解除启动手柄⑦，使纺织机停止工作。

加工缸体模块多轴钻床的示意图

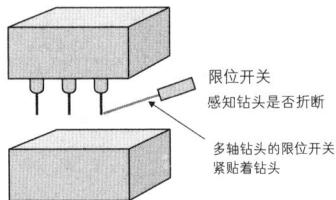

限位开关
感知钻头是否折断

多轴钻头的限位开关
紧贴着钻头

1-5 // 推行自働化的条件

实现自働化是发生异常时候停止生产。为了达到这个目的，就必须能够明确地判断正常还是异常。为了做出明确的判断就需要有基准。没有基准的话，就没有办法判断是好还是不好。

如果有基准，就可以将机器设定为超出基准值时停下来。这样的基准值，既可以是判断产品合格与不合格的基准，也可以指机器生产合格产品的运行状态。最近像半导体元器件这样微小、复杂的产品越来越多，这种情况下对产品实物进行观测很困难，选用能反映设备运转状态的数据，来明确判别基准更为合适。

在机械加工领域，无论是确定基准值，还是对是否超出基准值进行监控，利用传感器进行判断，是相对比较容易的。但如要通过明确质量的因果关系，对质量的影响因子进行有效监控，随着产品复杂程度的提高，难度也会加大。

在以人的作业为主的加工或组装工序，对人的动作相对于基准来说是否超出了基准进行判断也是比较困难的。这种情况下，就需要制作包含该作业的工作步骤、注意事项等内容，使员工按照规定的动作进行作业的"作业要领书"了。按照这个作业要领书来工作，如果还出现不安全的动作或不合格品，可以对作业要领书进行修订，使标准作业变得越来越好。

谈到自働化，人们常常想到投资很大、非常厚重的搬运设备。推行自働化理想的步骤，是在人工作业的时候，尽量让工序变得更短、更简单后，再导入省人的设备以实现自働化。

推进自働化的必要条件

◎标准化

作业要领书

◎设备的基准

例：压缩空气压力表

◎设备运转状况管理

1-6 // 持续追求生产效率的活动

在丰田汽车，作为判断生产制造改善是否持续开展的手段，会关注人工效率和总实际成本变化。

通过计算"生产能率"来评价每个课（部门）的人工效率，比如对所有零件设定生产 1000 个需要几个人多少小时（○○人 Hr）的基准。

生产能率是以课为单位进行评价的，因为拥有每个零件的基准值，这样就建立起了能够把握 10—20 人组成的小组单位的管理机制。每天早上知道前一天各小组的生产能率，这样反复进行就能看到 1 个月里每天的趋势，有异常的时候，课长就会到现场询问前一天发生的问题。通过追究真因，实施避免再次发生的改善。这就是被称为 5why 的分析方法，通过连续追问 5 次为什么找到真正原因。

每月会在全公司公布每个课（部门）生产效率与基准值比较的结果，生产职能按照车间类型进行分组排名。小组排名分为靠前的 α·β、中间的 γ 和靠后的 δ 三个级别，公布当月和近 5 个月的数据。用这样的方式推行以课为单位的竞赛排名，进行公开和引导，使大家瞄准排名靠前的部门努力。

对排名靠前、分数高于第一级平均值的部门，把其基准时间调到 α·β 的平均值（基准时间变得更短）。处于三级水平 δ 的话，要下功夫向更高水平努力。

部门	当月能率	回	率	过去5个月的推移					当月
1课	3.694	7	4	α	α	α	α	α	α
2课	3.689	4	3	β	β	β	α	α	α
3课	3.688	3	0	γ	β	β	α	α	α
4课	3.673	1	0	β	β	β	β	β	β
5课	3.672	5	4	α	α	α	α	β	β
3课	3.665	0	0	β	β	β	β	β	β
5课	3.674	1	0	γ	γ	γ	γ	β	β
4课	3.612	0	0	γ	γ	γ	γ	β	β
4课	3.606	3	2	β	β	β	β	β	β
1课	3.593	10	11	α	α	α	α	β	β
1课	3.574	0	0	γ	γ	γ	γ	γ	γ
3课	3.573	0	0	γ	γ	γ	γ	γ	γ
1课	3.560	6	5	α	α	α	β	γ	γ
1课	3.545	4	12	β	β	β	β	γ	γ
1课	3.541	1	2	γ	γ	γ	γ	γ	γ
5课	3.515	2	1	γ	γ	γ	γ	γ	γ
3课	3.488	0	0	γ	γ	γ	γ	γ	γ
4课	3.442	0	0	γ	γ	γ	γ	γ	γ
3课	3.420	2	0	β	β	γ	γ	γ	γ
3课	3.414	0	0	δ	δ	δ	γ	γ	β
3课	3.409	0	0	γ	γ	γ	γ	γ	γ
6课	3.379	0	0	γ	γ	γ	γ	γ	γ
4课	3.343	0	0	γ	δ	δ	γ	γ	γ
3课	3.231	1	0	δ	γ	γ	γ	γ	γ
5课	3.308	0	0	γ	γ	γ	γ	γ	δ
5课	3.305	2	1	δ	δ	δ	δ	δ	δ
4课	3.211	1	2	δ	δ	γ	γ	δ	δ
4课	3.199	1	2	γ	γ	δ	δ	δ	δ
7课	3.109	0	0	δ	δ	δ	δ	δ	δ
4课	3.001	0	0	δ	δ	δ	δ	δ	δ
4课	2.881	0	0	δ	δ	δ	δ	δ	δ
3课	3.723	0	0	δ	δ	δ	δ	δ	δ

· 各车间群降序排列

　按 α · β ＝○○%，γ ＝○○%，δ ＝○○%分类

· 按照所有车间群 β 的平均值对应的 α 值修订基准时间

基准时间的修订部门以右边的数值
之上的为基准确定各课的目标　➡

当月	前月差
3.681	－8

1-7 // 持续追求降低成本的管理机制

丰田全公司是这样推行成本改善的。首先，在年初公司的最高层会发布改善的指导方针，根据这个方针，各部门及工厂审议确定年度改善金额目标。各职场为了达成这个改善金额的目标推进具体的改善。当然，为了确定改善金额目标，在财务年度前 3—4 个月要收集改善项目，决定要具体实施的改善内容。

在生产制造现场批量生产各种产品，为了知道生产每种商品发生了多少费用，建立起统计实际发生总费用的实际成本管理。尽量快速收集这些数据，在各部门成本会议上进行回顾。这样就比较容易做到对上个月的反思，然后反馈到当月生产活动中来。

需要注意的事情是：直接发生在产品上的费用要尽量直接与产品关联，分配的费用要尽量用符合实际情况的分配方法，才能得到接近实际情况的成本数据。这样才能使现场发生的变化与成本数据联动起来。

总发生费用里的改善金额（改善率）会在车间之间进行比较，公司的成本改善委员会对做得好的部门，每年进行 1 次表彰。当然每个月公布车间之间的数据，也会建立相互竞争的机制。

制定每个产品发生的成本基准值是理所当然的，而且这个基准值要每年修订。成本没有改善，反而超出前一年实际的部门就暂时不修订基准值，沿用上一年的基准值。年初开始努力，一旦达成设定的目标，就要为了下一年度基准值的下调寻找新的改善机会。

◎零部件课的成本图表

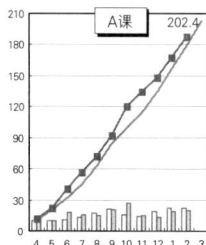

	年度目标	当月			累计			改善率
		目标	实际	达成率	目标	实际	达成率	累计实际
直接材料	27.0	2.3	4.0	178.4%	24.8	30.4	122.8%	10.7
辅材	63.0	5.3	7.5	143.3%	57.8	73.9	128.0%	10.7
夹具	8.0	0.7	0.3	49.7%	7.3	7.4	101.1%	20.5
直接管理费	98.0	8.2	11.9	145.3%	89.8	111.7	124.4%	11.1
购入品	8.5	0.7	0.0	2.1%	7.8	1.6	20.7%	0.0
能耗	19.0	1.6	1.0	64.3%	17.4	12.7	73.2%	4.5
劳务费	71.9	11.7	6.5	54.9%	58.9	39.0	66.3%	3.4
合计	197.4	22.2	19.3	87.1%	174.0	165.1	94.9%	2.6
投产前	5.0	0.4	0.8	183.6%	4.6	22.2	484.1%	#DIV/0!
总合计	202.4	22.6	20.1	88.9%	178.6	187.3	104.9%	2.9
工厂管理费	125.5	10.5	12.9	123.3%	115.1	126.1	109.6%	

◎工厂管理费

工厂管理费
2002年1月状况

	累计目标	达成率	改善率
1课	333.3	103.8	1.9
2课	430.4	97.2	0.9
3课	407.5	76.6	0.2
4课	433.1	80.4	2.5
合计	1340.2	96.7	0.6

其他工厂各课注塑车间的状况
改善率（上位5位） 2002年1月状况

工厂	课	年度目标	达成率	改善率
A	制造1课	219.2	80.5	4.6
B	制造2课	228.3	80.5	4.6
C	制造2课	105.8	114.0	4.0
A	制造2课	155.5	79.1	3.4
A	制造1课	202.7	110.1	3.0

·每年年末决定下一年的目标金额，以课为单位开展竞赛
·针对总发生费用的改善率进行评价
·基准根据上一年度复数月的平均值来设定

1-8 // 持续控制库存的管理机制

在丰田，生产效率和成本都有相应的指标，对库存却没有相关的指标进行评价。但与其他公司相比库存明显少很多。

这是为什么呢？是不是拉动型生产和 JIT 供给的原因？确实那是原因之一，更重要的原因是，包括现场的作业者在内的所有人，都真实感受到库存少带来的好处。他们从实际工作中充分感受到，库存很多的话，移动和搬运的损失就会很多，给工作带来不便。

此外，就是想做库存也做不了的管理机制。比如说，按照总装生产顺序生产的车身工厂，生产指示每次只有 1 辆车的生产计划。做好 1 辆车，过一定的时间才会来生产下一辆车的指示。这样就不能进行大批量生产，只能 1 辆 1 辆地生产。

那么，批量生产的冲压和注塑车间是怎么样的呢？在这些批量生产的车间，生产管理部门会规定 KANBAN 的数量，每月对 KANBAN 数量进行维护。把多余的 KANBAN 放进箱子里，严格进行管理，现场不能随意增加或减少 KANBAN 的数量。

最重要的是，包括公司董事在内的管理人员对库存保持高度敏感，他们能够根据自己的经验对生产的数据进行判断，如果发现库存多，马上会对下属进行指导。

公司董事每月都会去现场开展这样的巡视，每个现场多则 6 个月 1 次、少则 1 年 1 次举办现场报告会。

报告会上会把近半年到 2 年各职场开展的改善事例、改善成果进行报告。现场巡视报告会结束后，各个职场会为了下一次的报告会开始新的改善活动。

丰田库存少的原因

◎生产指令为 1 台 1 台生产的管理机制

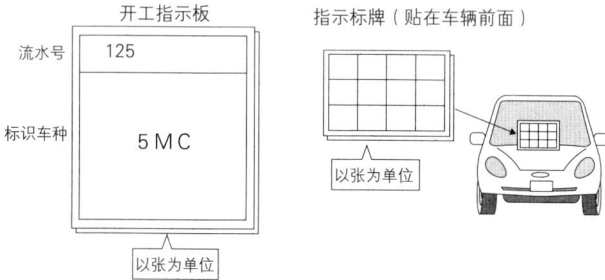

开工指示板

流水号	125
标识车种	5 M C

以张为单位

指示标牌（贴在车辆前面）

以张为单位

◎董事的现场巡视

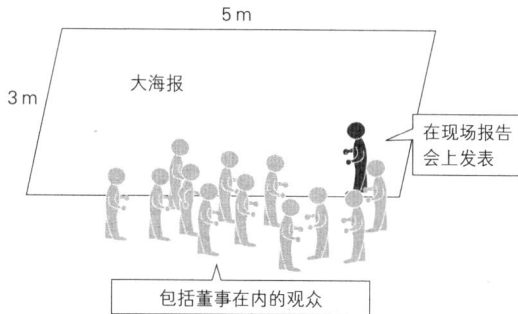

5 m

3 m

大海报

在现场报告
会上发表

包括董事在内的观众

◎零件置场的最大最小标识

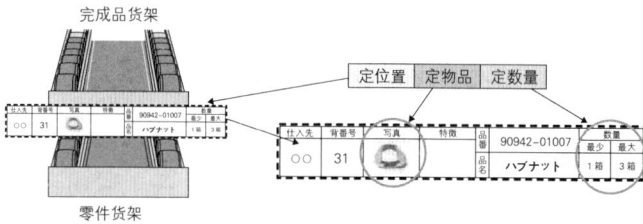

完成品货架

零件货架

定位置 定物品 定数量

仕入先	背番号	写真	特徴	品番 品名	数量
○○	31			90942-01007 ハブナット	最少 1箱 最大 3箱

1-9 // 财务会计和管理会计

在公司里，按照会计准则对收支进行计算，完成后对外提交结算报告，这样的会计工作叫"财务会计"。这个计算特别的地方是成品库存和工序内的库存都作为公司的资产。库存越多资产也越多，生产收获的利润也在增加。到了年底会根据过大的预测增加库存，从而带来利润增加，这样的运营方法很常见。

而管理会计是结合公司运营的实际情况来计算收入的管理机制。管理会计是把产品投产前企划的成本作为基准（企划成本），产品投产后仔细把握实际发生的成本（实际成本）进行比较的方式。

在新产品的设计开发阶段，根据中长期的计划制定目标成本。然后，为了达到这个目标成本实施 VE 改善，以及对正在生产的机型开展 VA 活动，综合这些信息进行成本估算，制定企划成本。

从这个角度来说，在投产的时候成本是否达到企划成本的水平是非常重要的，需要严密地计算。在此基础上再通过实施提高生产效率和成本削减活动，开展达成更低成本的改善。通过这些活动使下一个新产品能以更低的成本进行生产。

也就是说，把握与实际销售、实际情况相符的实际成本，实施可以创造利润的生产制造，生产与设计结为一体使产品投产就盈利，是企业利润的源泉。不了解投产后的实际情况就推出新产品的话，生产制造不能创造利润。

以上是管理会计的重点，如果只有财务会计，会产生很多错误的判断。

财务会计和管理会计中成本的种类

内制成本可分为"内制报价成本""工厂总费用成本""基准成本"3种。按照计算方法的不同，所得到的成本数值也不尽相同。

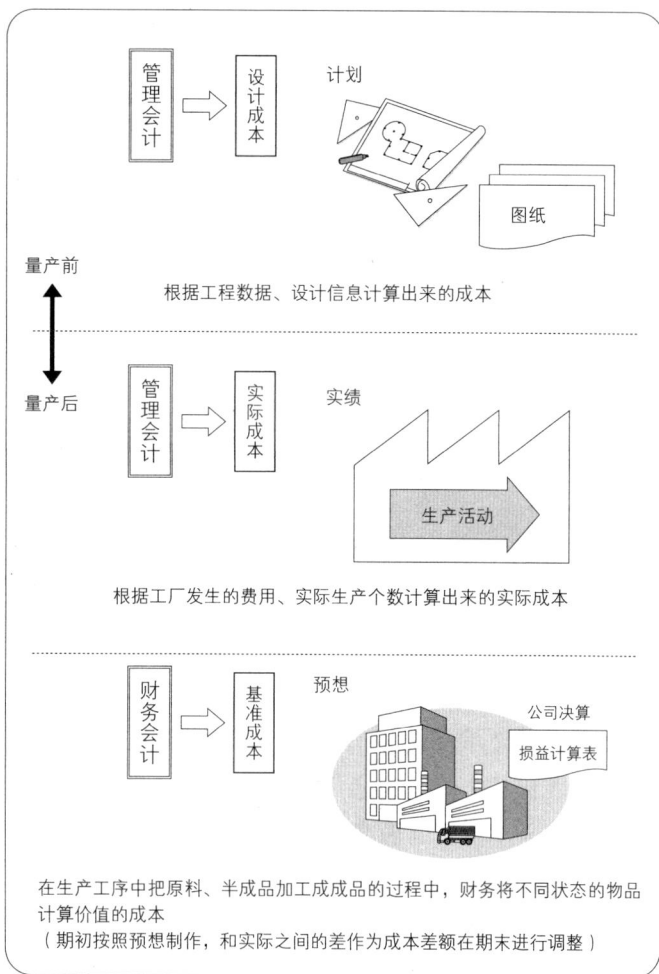

管理会计 ⇒ 设计成本　计划

图纸

量产前

根据工程数据、设计信息计算出来的成本

量产后

管理会计 ⇒ 实际成本　实绩

生产活动

根据工厂发生的费用、实际生产个数计算出来的实际成本

财务会计 ⇒ 基准成本　预想

公司决算

损益计算表

在生产工序中把原料、半成品加工成成品的过程中，财务将不同状态的物品计算价值的成本

（期初按照预想制作，和实际之间的差作为成本差额在期末进行调整）

1-10 // 丰田生产方式与 PL、BS、CF

在1-9节中谈了财务会计和管理会计，本节谈一谈 PL（利润表）、BS（资产负债表）与丰田生产方式的关系。

"今年的利润是多少"或者"半年度有多少利润、利润率为多少"是 PL 要表述的内容。也就是计算在一定时期里收入与开支的情况。产品不变的情况下，随着生产量的增加，固定费用所占的比例就会降低，从而产生利润。但是，近些年销量的波动很大，很多地方都在下功夫减少固定费用。

而 BS 是反映一个时间点现金的收入和开支情况的表，是显示资金处于什么状态的财务报表。

PL 和 BS 都无法表述资金流动的速度。表示资金流动速度的表是 CF（现金流量表）。随着资金流动速度的提高，可以用更少的资金创造更多的利润，应对变化的能力也会提高。**丰田的 JIT 思想就是改善 CF 的活动。**在会计中使用 CF 的概念是在1973年第1次石油危机后。用适合生产制造现场的说法来表述，**即从接收材料开始到成品发货为止，所有状态的库存做到最少的状态，就是对 CF 进行改善的活动**。在财务会计里把库存视作资产提升，当周转资金充沛时，库存越多越好，但在 CF 中库存被称作"罪库"，库存多绝对不是好的事情。

这些"罪库"，对经营来说就如同拳击手的重拳一样，当发现正在引发恶果的时候，公司往往已经濒临倒闭。

财务评价（累计评价和瞬时评价）

PL：利润表（Profit and Loss statement） 【一定时期内浪费堆积量】

查看半年或1年销售及利润。

BS：资产负债表（Balance sheet）【某个时间点流入和流出的量】

决定某个时点并查看其状况

CF：现金流量表（Cash Flow）【流动的强度】

主营业务现金流
投资现金流
财务现金流

总资产收益率

最快速
Shortest lead-time

最低成本
Lowest cost

BS

总资产周转率

PL

销售利润率

流动资产

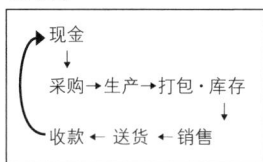

现金
↓
采购→生产→打包·库存
↓
收款 ← 送货 ← 销售

＋

固定资产

建筑物　设备　其他

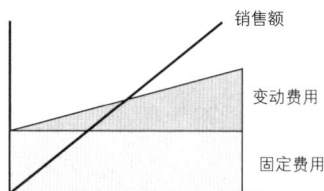

销售额

变动费用

固定费用

第 2 章

✢

生产制造实力的自我诊断

本章的内容

虽然与生产制造有关的环境在发生剧烈变化，但理性地判断您所在公司和职场的实力，切实地应对当前环境，对大家来说是非常重要的。就像达尔文所说："能够生生不息的物种，不是最强大的物种，也不是最聪明的物种，而是能够应对变化的物种。"所以在生产制造的世界里，尽早应对市场变化才是最重要的。

在这一章里，为了应对各种各样的环境、改善经营数据（P/L、B/S、C/F），对生产制造系统的目标状态进行了定义，以评判和诊断生产制造系统的实力。

这个诊断的方法并非利用详细检查表的形式，而是了解基本运营想法后，通过对工厂的整体系统进行把握，来判断生产制造实力。为了易于大家操作，我们设置了15个诊断的项目，如果对现场熟悉，2—3小时就能完成诊断。希望大家务必实施这个评估工作。

此外，通过推进相关人员的自我诊断，能促使他们考虑目标状态，明确现场将来具体往哪个方向改善比较好。

2-1 // 零件材料的接收与准备状况

如果零件和材料不能及时到达，生产就不能按计划进行。只有提前准备好零件和材料，达到在需要的时候可以马上使用的状态，才具备了生产的条件。但是，如果零件和材料的库存很多，不仅公司的现金流会变差，也会出现需要处理过剩零件和材料的情况。所以要追求"在需要的时候提供需要的数量"的状态，这是 JIT 思想最重要的部分。

为了构筑这样的运作方式，就需要和零部件、材料厂家进行调整，在调整之前要先做好自己工厂控制波动的平准化工作。但是，在波动很大的地方想把变动控制在 0 是不可能的，等待工厂波动很少的时候再行动，进展会很慢。所以，建议大家在推进材料库存降低的时候，持有一定量的库存（1—2 天），以不会导致因为材料不足而变更生产计划为基准。

另外，零件或材料到厂以后，相关部门必须实施 JIT 配送。我经常看到材料从仓库出库后，到被生产线使用，要花 1—2 天：零件分拣花 1 天的时间，送到生产线再用一天的时间。希望大家尽量把这个时间控制在 1 个小时以内。做得好的工厂，这个时间基本控制在 20—30 分钟，使用这样的方法，生产线旁边的库存会变得很少，也为创造流畅高效的生产线创造了条件。

由于改善现金流及获取利润非常重要，因此了解零部件和材料的库存情况，是非常重要的管理要素。

零件材料的接收·准备状况

◎收货状况

良好 【水平A】	不会发生因为零件或材料未到而影响生产的情况，供应商采用等间隔送货，频率稳定。
一般 【水平B】	每月发生1次以上因为零件或材料未到而影响生产的情况，因此需要调整生产计划。
不好 【水平C】	每周发生1次以上因为零件或材料未到而影响生产的情况，因此需要调整生产计划。

◎从收货开始到生产线为止的物流停滞状况

良好 【水平A】	省略了零件到货检查，在零件仓库进行配货，一次最多配送4小时以内的材料到生产线旁，供生产线使用。
一般 【水平B】	零件到货检查需要1天以下，零件仓库提前1天备货，把准备好1天的量的零件，一次性搬送到生产线边上，然后由专门的人开始搬运。
不好 【水平C】	零件到货检查需要1天以上，零件仓库提前1天备货，把准备好1天的量的零件，一次性搬送到生产线边上，和B级水平一样，作业员有时需要停下手头的工作去取材料。

2-2 // 半成品的状况

车间之间和生产线之间的状况后面再说，这里请大家针对生产线线上的库存情况进行诊断。

首先，说明一下生产线"手持率"这个指标的计算方法。在生产的某一个瞬间，清点生产线上的半成品库存数量，比如说有 13 个半成品，而该生产线上有 5 个能产生附加价值的工序，那么这条生产线的"手持率"为：13÷5 = 2.6。

用"手持率"来衡量生产线上的库存状况，也可以推测出生产线工序负荷的平衡水平，从 IE 的观点来说就是这条生产线的编成效率（生产线上各工序的平衡度）。好的生产现场会规定生产线上工序间的库存数量，也就是"标准手持率"。如果"手持率"变化很大，说明没有规定"标准手持率"而顺其自然地运作。这个"手持率"的概念不仅适用于以人工作业为主的生产线，自动化的生产线也同样适用。

那么，生产线手持率和生产线状态有什么关系呢？手持率为 1 的生产线，其编成效率需要达到 100%，这在现实中几乎是不太可能的。如果把生产线的手持率强行设置为 1，生产线上的某个工序会出现每个产品生产循环都有一定程度的等待的情况。手持率达到 1.5 以下的话，工序间基本上看不到半成品，等待也基本在 10—20 个生产循环时才会出现，已经是非常了不起的生产线了。手持率达到 2 以下，就算编成效率很差，按照规定好的标准手持率进行 1 个流生产的话，生产线的异常或编成效率的问题会马上看得出来，改善起来也很简单。所以，生产线的库存会导致难以发现生产线编成效率差的浪费。

生产线上半成品的状况

良好 【水平A】	工序与工序之间的半成品很少，生产线手持率基本维持在1.5以下的水平。
一般 【水平B】	生产线手持率在3以下。
不好 【水平C】	生产线手持率在3以上。

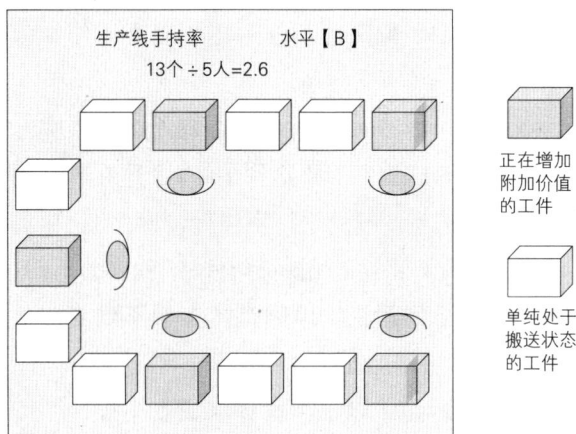

生产线手持率　　　　水平【B】

13个÷5人＝2.6

正在增加
附加价值
的工件

单纯处于
搬送状态
的工件

2-3 // 车间之间/生产线之间的库存状况

车间之间和生产线之间的库存是否达到最小的限度，直接反映了生产制造的现金流是否达到最佳状态。

我们先给车间之间和生产线之间的库存下个定义。车间之间的库存主要指不同类别的生产制造之间的库存，比如注塑和组装之间、实装生产与基板组装之间等。而生产线（工序）之间的库存主要指前组装和后组装、前加工与后加工，以及实装时的正面实装和反面实装之间的库存。用这个库存量除以产品平均每小时的出货量，计算结果表示有几个小时的库存，除以平均每天的出货量就表示有几天的库存。

为了正确反映实际情况，不要用盘点的库存金额进行计算，而要使用星期或月的平均使用量来计算。

车间之间和生产线之间的库存很重要。车间之间库存很多的工厂采用计划生产的模式比较多，只关注自己的工序，不管别的工序情况如何，自顾自地生产。而负责零部件生产的注塑、冲压和实装车间，这些地方切换品种是需要花一定时间的，为了削减切换损失，经常采用大批量生产，甚至存放好几天的库存。

仔细听一听这些零部件生产部门堆积库存的理由，基本都是没有做好自主保养，或没有开展减少设备停机的活动。因为突发故障很多，如果没有储备库存就会给后面的工序带来麻烦。

用严格一点的话来说，是用库存弥补自己改善活动的弱点。用更极端一点的话来说，突发故障多的部门，没有做到质量稳定的部门，以及没有下功夫缩短切换时间的部门，因采用大批量生产，导致库存多。是不积极开展提高生产效率相关的改善活动导致的后果。

车间之间、生产线之间的库存

良好 【水平A】	车间之间、生产线之间的库存量低于1天。
一般 【水平B】	车间之间、生产线之间的库存平均在1—3天。
不好 【水平C】	车间之间、生产线之间的库存平均在3天以上。

$$库存天数 = \frac{库存个数}{1个月内日平均出货数}$$

2-4 // 贯彻标准作业

影响生产制造质量的因素中，贯彻标准作业占很大比重。"质量是生产出来的"这句话的含义，指的不是通过加强检查把不合格的产品挑选出来，而是通过创造不生产不合格品的生产工序来实现。

也就是说按照标准作业进行工作，才能实现只生产合格品的工序。

因此，只有记载"组装零件 A，在其上面贴标签 C"这样粗浅作业要求的"作业指导书"是不够的，而要用"像图 1 一样用右手拿着零件 A，按照这样的姿势倾斜地插入……"这样细致的标准进行要求。

也就是说，不仅要包含一定要遵守的正确作业步骤，还要加上其他重要内容：影响质量和工作效率的左右手使用方法，与安全、质量相关必须被遵守的内容，以及遵守的理由等。像这样对作业相关的规定进行详细记述的资料，我们称为"作业要领书"。它比通常的作业指导书记述得更详尽，甚至多 3 倍左右的内容。另外，按照这个"作业要领书"，工作大约几秒时间，也需要写进去。

标准作业需要适时地修订。因为即使按照"作业要领书"进行工作也会出现产品不合格的情况，另外通过改善工作方法提高了工作效率时，也需要对作业要领书进行修订。作业要领书不进行修订，大多数情况是因为这些地方平时不按照作业要领书规定的方法来工作。

应该建立是否按照作业要领书进行工作的检查机制，全体人员都要有"按照标准工作"的意识。

良好 【水平A】	有记录了作业关注事项、关注理由和时间的作业要领书，并得到遵守。每年修订1次。
一般 【水平B】	作业要领书是有的，没有作业关注事项、关注理由和时间。作业波动较少，基本可以按照一定的节奏生产。
不好 【水平C】	作业步骤不确定，因此产生波动。

作业要领书的样本

2-5 // 质量的状况

所有的公司都会对质量不合格率进行把握，对质量损失多少进行统计。但是生产就像流动的水一样，与不合格率相比，用"直通率"来衡量质量水平显得更为重要。

不合格率和直通率有什么区别呢？首先不合格率是把某个工序的质量与标准相比是否合格的衡量指标，我们经常会说最终出货检查时的不合格率是多少，在此之前即使经过多次修理也不计入不合格率。但出货检查前修理的数量多的话，这个不合格率数据就算再好看，因为生产制造达不到预想的水平，所以也不可能实现JIT生产。

而直通率是指从最初的零件投入开始，中间没有返工和维修，直到最终合格完成的比例。具体举例来说，某条生产线里有三个检查维修的工序，这三个工序中不合格的数据分别是5%、2%和10%。把这个数值换算成直通率为：$(100-5)/100 \times (100-2)/100 \times (100-10)/100 = 0.8975$，直通率为89.75%，这是非常严格的观察视角。

直通率如果不能提高到93%以上，就很难做到JIT生产体系中的补充式生产。特别是产品种类很多、体积很大，而采用前后两个产品都不一样的混流生产时，直通率如果不能到达95%以上会导致生产线混乱。

质量时时刻刻都在发生变化，为了发现异常状态和变化，折线图是很好用的管理工具。每天手工绘制的折线图能使管理者更直接地感受变化的趋势。

找出发生不合格的真正原因对提高质量来说至关重要。但要找到真正原因，行动就一定要快速，所以是否建立了快速行动的管理机制是质量管理的关键所在。

标准作业的落实

良好 【水平A】	进行质量趋势管理，拥有出现问题后停下生产线，以查找原因的机制，直行率在93%以上。
一般 【水平B】	拥有质量管理的各种表单，出现问题后没有找到真正原因，直通率在80%—93%的水平。
不好 【水平C】	没有进行有组织的管理，直通率在80%以下。

◎每个涂装工序的不合格率

底涂　　　　　中途　　　　　面漆Ⅰ　　　　　面漆Ⅱ
0.5%　　　　　1%　　　　　　2%　　　　　　5%

> **直通率（涂装）**
>
> =0.995×0.99×0.98×0.95
>
> =0.917
>
> 涂装的直通率为91.7%

2-6 // 单位时间产量的波动

像 2-5 节的直通率一样，能否按照需求生产出所需要的数量，是现金流改善的关键。设备经常发生故障、直通率很低的话，因为不知道在一定时间内可以产出多少数量的合格产品，而尽量多生产一些，就会导致多余的库存。

依据这个想法从更小单位观察生产的情况，提出了单位时间产量的概念。

很多的公司通过市场调查和销售活动确定次月的生产数量。再根据这个预测数据决定每天的生产数量，相应的每小时的生产量也会定下来。单位时间的实际产量和计划数保持一致的话，即使没有多余的库存也可以正常运转。

"节拍器"是一种使单位时间产量波动很小的管理工具。这里所说的"节拍器"是指，用某种手段提醒作业员按照规定时间完成每个产品生产的管理方法。新干线和特快列车之所以能够准时进站，主要是靠规定其在行驶途中必须某时某刻、经过某个位置来实现的。

节拍器能帮助作业员按照正确的速度和节奏完成工作。按照这样的节奏工作，人不容易疲劳。现场领导可以根据节拍器观测每个工位的工作，发现生产线中不平衡的地方。根据节拍器也可以预测生产线单位时间的产量，这个预测数和实际数量有差异的话，就知道生产线出现了问题。解决这些问题，生产制造的实力就会变得更强。

每小时产量的偏差

良好 【水平A】	装有节拍器，每小时产量为计划的95%—99%之间。编程效率在90%以上。
一般 【水平B】	没有节拍器，每小时产量波动做到±10%以内。
不好 【水平C】	每小时产量波动在±10%以上。

每小时生产状况可视化表格（例）

生产管理板		2006年2月15日（星期三）		
		可动率		％
		计划停机		分
2月度		故障停机		分
节拍时间	1′24″	作业延迟		分
计划台数	345台	他责		分
		停机累计		分

时间	计划台数 （台）	实际台数 （台）	与计划差 （台）	自责	他责	停机 时间	每小时 可动率	累计 可动率	对策
8:00～9:00	42								
9:00～10:00	43 85						％	％	
10:10～11:00	35 120						％	％	
11:00～12:00	43 163						％	％	
13:00～14:00	42 205						％	％	
14:00～15:10	43 248						％	％	
15:10～16:10	43 291						％	％	
16:20～17:00	29 320						％	％	
加班	53 373						％	％	
0.25hr…11台									
0.5hr…21台									
0.75hr…31台									

2-7 // 应对变化和少人化

如果能做到随着生产量的变化，生产线投入的人数也相应变化，就可以实现生产效率稳定，不随产量的变化而变化。

生产效率保持稳定，要求生产线做到生产量增加 1 成，相应的人员也增加 1 成，生产量减少 1 成，人员也减少 1 成，这样可以使人工费从固定费用变成变动的费用。旺季时把公司所有人员都投入生产线里，淡季的时候把生产线多余的人员分离出来，通过参加一些前瞻性的工作（实施现场改善或项目型的工作、培训等）使每个人的能力获得提升，也为后续的生产做好准备。

公司很难做到按照生产负荷的变动而辞退或聘用正式员工，人工费也很难真正从固定费用变为变动费用，所以经常听到有人说要把人工费用转化为变动费用，就一定要用劳务工或外包。实际上，人工费的变动化并不指简单的外包化或劳务工化。我们说的费用可变化是指要做到正式员工费用的可变化。要做到这一点，就要借助把人从空闲的部门调到繁忙的部门等手段，对公司整体负荷进行平衡。

为了让那些通过产量减少或效率改善而多出来的人员，去做一些更具有前瞻性的工作，现场领导的手里要经常保留 2—3 个改善项目，随时把多出来的员工调到这些项目里工作。有些公司会在市场不景气的时候进行各种各样的改善和培训，作为公司水平提升的契机，就是这个道理。

生产量增加的时候可以通过减少步行距离等手段来提高生产效率，相反，产量在减少的时候生产效率的提升就相对困难一些。我们经常说产量减少的时候，人工效率仍然能够得到提升，才算真正的改善。

少人化 对应变化

良好 【水平A】	即使生产量变动，也要进行提高人工效率的改善。尤其重视持续开展当生产量减少时，人工效率不降低的改善。
一般 【水平B】	生产量增加的时候，能够努力做到保持生产效率提高；当生产量减少时，人工效率会大幅降低。
不好 【水平C】	没有根据生产量的变动调整人员数量。

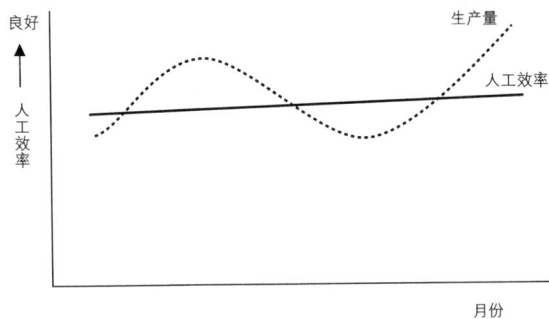

良好

↑ 人工效率

生产量

人工效率

月份

2-8 // 拉动型生产计划

很多公司的生产都不是根据市场的变化而变化，而是按照提前 3—4 个月确定的生产量进行生产。这些公司就算处在对于什么产品能卖多少根本不知道的变种变量的环境里，也忠实地按照 1 个月前或 2 个月前既定的生产计划进行生产。

按照这种生产组织方式进行生产的公司，除了永恒不变地拥有很多产品库存外，还经常出现客户需要的产品交不出货的情况。

不预测需求，即使库存很多仍然持续进行生产的公司也非常多。这些公司甚至没有让生产停下来的勇气。

拉动型生产就是保留最小量的库存，从库存中向客户提供其必需的数量。出货量所对应的库存减少后尽快补充生产，以便为客户后续的采购做好准备。

也就是说，把一定时间内的销售量作为确定生产数量的依据。再具体一点说，保有几天的库存，给客户发货后尽快安排生产对应的数量，将产品库存补充到设定值。

为什么这种做法会比较好呢？因为只生产卖掉的数量，能使库存保持在一定的水平，从而能自然而然地控制住库存的增长。

按订单生产就是指接受客户订单后才开始生产的管理方法。但这个诊断项目并非对上述内容进行评估，而是对是否实现了能应对当月内生产变动的平准化生产进行诊断。

生产计划

◎拉动型

良好 【水平A】	制订生产计划时，以仓库出货或实际销售信息等确切的信息为基础，最多提前6天以每天滚动的方式确定。
一般 【水平B】	生产计划最多提前3周，按照销售的信息确定。
不好 【水平C】	提前4周确定生产计划。

◎按订单生产的公司

良好 【水平A】	拥有将1个月内每天的生产量变动控制在20%以内的管理机制。
一般 【水平B】	拥有将1个月内每天的生产量变动控制在50%(1.5倍)以内的管理机制。
不好 【水平C】	1个月内，每天的生产量变动量有50%以上。此外，不顾交货期，任其自然地进行生产。

2-9 // 教育与训练

新员工进公司后通常先将人事制度、安全以及公司希望其遵守的事项，用集中上课的方式对他们进行培训，然后分配他们到用人部门学习具体的工作。这样的教育方法要使新员工达到独立工作的水平，需要比较长的时间，而实际上我们都希望缩短这个时间。所以我们将教育和培训分开进行定义：

·教育就是教授他不知道的事情。

·训练就是让他能够做到已经知道的事情。

教育主要采取 Off-JT（Off the Job Training）方式，即离开工作的场所，以培训和研讨会的形式为主。而训练是采用 OJT（On the Job Training）的方式，用实际工作对其进行训练的活动。

应该训练的基本技能，是指打螺丝、焊接等要素作业里，新人和老手作业差异很大的工作。工作内容不同，需要被训练的要素作业也不一样。我们经常听到"那个人工作有自己的诀窍，即使做得很快也不会失误"诸如此类的说法，对工作诀窍缺乏足够细致的分析的人才会这么说。如果从工作诀窍传承的角度深入思考，就会知道对新员工需要开展哪些教育和训练，对中坚力量中的熟练者需要开展哪些教育和训练。当然，为了使新员工能够尽快独立工作，也需要我们仔细研究训练方法，比如通过训练道场等生产线作业外的训练手段开展基本技能训练，把训练时间缩短为原来的十分之一或二十分之一。鉴于要素作业的训练很重要，所以请按照 2-4 节里提到的标准作业持续开展训练活动。

为了最大限度发挥员工在职期间的个人能力，请大家务必推进贯穿员工职业生涯的持续教育和训练。

教育和训练

良好 【水平A】	针对新员工和在籍员工都会开展定期的教育和训练。训练的内容也会根据现场需要，调整后实施。
一般 【水平B】	针对新员工实施教育和训练。训练的内容以基本技能为主，没有根据现场的需要做适当的变更。
不好 【水平C】	针对新员工的教育，没有实际操作的训练，只有集体教育。

◎训练的事例

活用视频手册，对基本技能、要素作业、标准作业的内容逐项学习。

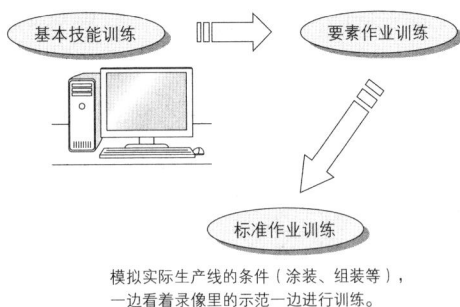

基本技能训练 ⇒ 要素作业训练

标准作业训练

模拟实际生产线的条件（涂装、组装等），
一边看着录像里的示范一边进行训练。

2-10 // 整流化的状况

我们观察现场的时候，观测人的动作和物品的流动是很重要的内容。丰田生产方式当中经常提到"要让物品的流动像河流的流动一样"。

物品的流动路线没有停滞、封闭并能一笔画出，按照最短的距离运行。当从工厂整体角度考虑时，从材料的收货开始到成品的发货为止，没有分流、合流和逆流的现象是很重要的观察角度。

停滞是指入库的零件在仓库放置 1 天以上，车间之间因为故障时间长、频繁发生质量不合格等问题，导致生产线停线，或者为了不影响客户的生产而存放一定量的安心库存，冲压注塑等工序没有有效开展品种切换时间缩短的活动，采用大批量的生产方式使库存堆积如山。此外，现实中也存在这样的事例，明明可以和主线同步生产的零部件组装，不知什么原因和主线分离开，导致库存的堆积和物品流动的停滞。

前面说到的"消除分流、合流"，开始是 1 条生产线生产、中途分成 3 条，然后又变成 1 条，之后变成 4 条，这样的生产线随处可见。这样的生产线的缺点是：①在某一个瞬间根本无法判断东西是在哪个工序生产的，出现不合格产品后追查原因非常困难；②因为市场的要求生产量发生变化的时候，根据生产量进行人员的增减很难做到。

实行这种"分流、合流"方式而非整流化的原因，主要是优先考虑工序本身的投资效率，以最小公倍数的想法采取合流、分流的手段，尽量减少设备投资。所以当生产线的整体产能确定以后，按照这个能力进行机器的选型非常重要。

整流化的情况

良好 【水平A】	物品流动过程中没有滞留，按照"一笔画"的封闭路线，没有分流与合流，保持最短的流动路线。
一般 【水平B】	从整体上看进行了整流化，但仔细观察可以发现还是存在分流与合流的情况，物品的流动路线比较复杂。
不好 【水平C】	物品没有流动，实施1天搬运1次的方式。

◎工厂整体的流程

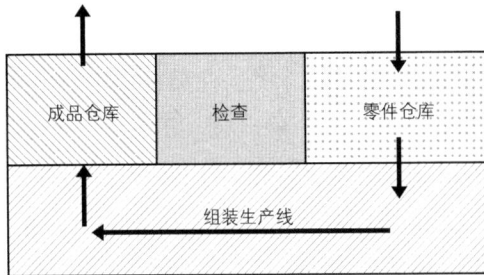

2-11 // 5S、3定、先入先出

这一节里我们来评价一下物品的放置方法。

单是根据 5S 里的 1 个 S，也能写一本书的内容，这里仅对其最基本的部分进行评估。

5S 中的第一个 S "整理" 是指把要的物品和不要的物品区分开，把不要的物品处理掉。具体做法是，具有扔东西权限的人每年对现场进行至少 2 次巡视，识别要和不要的东西，并把不需要的东西处理掉。

在公司里的 "整顿"，并不是指把需要的物品整齐漂亮地陈列起来。如果是个人，把物品整齐漂亮地陈列起来是没有问题的，因为本人摆放的话，能记得放置的位置，需要的时候马上就能取出来。但公司里大多是很多人使用的公共物品，仅整齐摆放是不够的，而是要做到 "谁都可以马上取出来" 的程度，因此要求实施 3 定管理。

"3 定" 是指定置、定物和定量。定置是规定位置的意思，是指标明地址的库位。定物是规定东西的意思，指规定了在库位上放置的指定物品。定量是规定放置量，规定了最多、最少的数量。实行这样的 3 定管理，任何人都可以依据库位信息立即找到需要的物品。

为什么要做到先入先出呢？因为如果不实行先入先出，可能出现有些零部件长时间不被使用而生锈、变形，甚至无法使用的情况生产线万一出现不合格品，因为无法准确追溯到特定零部件，可能导致更大范围的报废处理。

现场不做先入先出的管理的话，就需要定期把旧的零部件和商品放在前面来，从而产生重新排列的时间上的浪费。

良好 【水平A】	实施了零件和设备等的3S工作，也有持续保持的管理机制。此外，这个管理机制也能使3定和先入先出做得很好。
一般 【水平B】	虽然做到了3S，但没有持续保持的管理机制。或者没有3定和先入先出的管理机制。
不好 【水平C】	没有做到3S。

工厂始于3S，也终于3S

3S和3定是基本【需要按照顺序实施】

整 理	将需要和不需要的物品分开， 处理不需要的物品
整 顿	任何人都能在需要的时候马 上取出的放置方法
清 扫	进行清扫，扫除垃圾和脏污， 保持干净的状态 同时对设备的各个部位进行 检查

先进先出

按照投入的顺序或生产的顺序使用

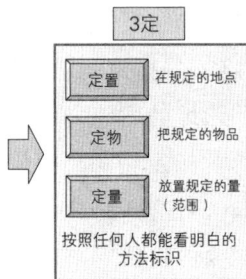

3定

定置	在规定的地点
定物	把规定的物品
定量	放置规定的量 （范围）

按照任何人都能看明白的
方法标识

2-12 // 消除浪费的活动

消除浪费的含义是非常宽泛的。

QC 活动、5S 活动、TPM 活动、成本降低活动、安全活动等，每家公司都在持续开展诸如此类的活动。这里所说的消除浪费的活动，是指是否在持续开展的改善经营指标的活动。

经营指标作为活动的成果，与改善活动的关系是这样的：生产制造的成本降低 = 利润表 PL、库存减少 = 资产负债表 BS、生产周期缩短 = 现金流量表 CF。实施 1 个改善课题的时间需要半年或 1 年的话，难免会导致拖延，最好通过 3 个月的活动产生成果。需要长时间努力的大课题，把需要实施的内容分割成 3 个月左右的工作，工作的进展和成果就容易可视化。在这个时点，如果活动的进展不如预期，给出一切切实可行的建议，对活动产生有效的成果是很有帮助的。

从组织的角度来说，这个活动如果变为全员参加的活动，会取得爆发性的成果。当然，上司的参加还是不可或缺的。

但是，让每一个作业员都加入的全员参加只是理想状态而已，对于困难的课题成立项目小组进行改善，是比较合适的做法，活动的时候要努力减少处于观望状态的人。

尽量每 3 个月举办一次成果发表会，发表会的场地尽可能安排在生产现场。工厂的领导一定要参加。领导做展望未来的发言，同时能把上层的想法告诉大家，对提高大家的积极性和活动的持续性能起到举足轻重的作用。

消除浪费的活动

良好 【水平A】	组织全体人员参加消除浪费的活动，职场每天都在进步。
一般 【水平B】	消除浪费活动只有一部分的人员参与，没有达到"全员参加"的程度。
不好 【水平C】	没有开展消除浪费的活动。

2008年度消除浪费活动分数表

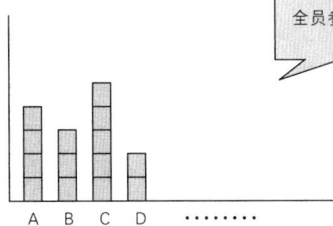

全员参与的"可视化"事例

A B C D ·········

在消除浪费的柱状图上标注分数，使活动更加活跃。

2-13 // 职场运营

生产制造的职场如果只是追求顺利生产出需要的产品来，是没有发展前途的。只有积极向上、生机勃勃地推进各种改善活动的生产制造职场，才能推动生产制造实力的进步。

请大家对自己所在的职场是否处在"开放的（＝积极思维）、快乐的（＝保持自主性）、精力充沛的（＝有好处的事情尽快执行）"的运营状态进行诊断。

全员参加与，一起思考各种各样问题的解决方法，能碰出智慧的火花，加快问题解决的同时，也能提高职场的凝聚力。

所以要对全体员工是否了解上层的方针、职场将朝什么方向努力（想成为什么样的职场?）和职场是否向全体员工宣教进行评估。

此外，要对职场运营的 7 个基本方面进行诊断。

安全和环境相关的内容在后面的创建安全职场部分中会进行详细说明。本项目仅对职场运营中是否包含安全和环保内容，活动的过程是否可视化等进行诊断。

不好的质量会把公司摧垮。为了提高质量需要坚持每天不懈的努力。所以需要将反映每天质量状况的折线图和查找真因活动进行"可视化"。

生产和成本方面，要实现不让顾客等待、持续高效地按最低成本生产，每天进化、提升也很重要。设备保养是支持生产的地基，这项工作没有做好的话，提高质量、追求效率就无从谈起。人事方面要把为了全体员工创建"开放快乐精力充沛"工作环境相关活动的可视化作为重点。

这 7 个方面的内容构成了职场运营的各个方面，全体人员团结一致共同推进十分重要。

职场运营

良好 【水平A】	生产制造的职场对工作重点进行可视化。包括安全、环境、质量、生产、成本、保养、人事，而且每天都在努力做到更好。
一般 【水平B】	虽然职场运营可视化了，但信息隔一周以上才更新。
不好 【水平C】	职场运营没有可视化。

职场运营的7大任务

安全	消除伤害与疾病的活动
环境	防止环境污染和CO_2削减
质量	减少质量不合格的产品的活动
生产	高效率地生产预定品种和数量的产品的活动
成本	生产制造成本降低的活动
保养	通过日常保养使设备100%保持想开就能开的状态
人事	营造职场里的每个人都保持开朗、快乐、健康的工作环境

2-14 // 创建安全的职场

安全包括伤害和疾病两方面。从轻微擦伤、灰尘入眼等轻伤，到引发死亡的重大事故，都是伤害事故。当然设备方面需要安装避免伤害的装置，同时提高安全意识、遵守操作步骤，避免误操作的活动也十分重要。疾病包括机油引起的皮肤发炎、腱鞘炎或腰痛等，从容易发现和治疗的小毛病到难以治疗的慢性病都有。为了避免误操作要遵守规则（规定好的事情），本项目主要从以下 3 个角度对于安全进行诊断。

第一，为了在外部的客人或其他部门的人过来时，让他们觉得我们这里是一个安全意识很强的职场，就要对参与工作的全体从业人员进行统一的教育和管理，我们可以从员工是否向迎面而来的人打招呼上看出这方面工作的效果。一个人人笑容可掬地互相问候的职场，在让人神清气爽的同时，通过全员是否打招呼还能窥见其他规定的贯彻程度。

第二，服装和仪容是安全的起点。袖口不扣好的话，可能被机器夹住；头发披散着不扎起来的话，可能会被东西勾到。无论何时何地都要做好应对迅速意外情况的心理和仪表的准备。

第三，不同的工作场所会有各种各样不同的规定。制定规定非常简单，但让全体人员遵守规定，需要付出相当多的时间和努力。

把这个进程"可视化"出来就是创建安全职场的过程。

安全活动

良好 【水平A】	①向所有人打招呼。 ②全员正确着装、保持仪容。 ③全员遵守规定。
一般 【水平B】	只做到上述3项中的2项。
不好 【水平C】	只做到上述3项中的1项。

其他安全活动

1. 惊吓提案

2. 指差活动

3. 5S活动

4. 安全巡检活动

5. 动作分析评估活动（疾病）

2-15 // 创建具有高度环保意识的职场

近些年如果不重视环境问题，公司的事业可能都无法开展下去。由此，生产制造的单位也要对环境进行评估。

与安全一样，环境相关的内容也要从意识层面开始强化。例如午休时关灯、垃圾分类等，全员没有意识的话是推进不了的。

环保主要是防止污染和削减 CO_2（节能）两个方面的内容。关于防止污染，（日本）政府 1993 年制定的环境基本法中有所规定，必须遵守大气污染、水质污浊、土壤污染以及噪声相关的法律条款。大家需要明确是否违反了这些法律条款，如果有，应该立即采取适当的措施，并让全体人员遵守。

即使没有直接违反环境基本法，生产制造中仍然要注重开展资源节约的活动。例如分类处理废弃物和削减废弃物数量的活动。

其次是削减 CO_2 的活动。通过推进此类活动，生产制造的成本也会相应降低。

根据电力消耗的情况，燃气、水、压缩空气等使用量要能被测量出来。最少也要以小组为单位明确其使用量，促使全体组员能够下功夫降低使用量。衡量这些活动做得好与坏，只要看是否能听到空气泄漏的声音、午休时是否关灯、不开机的设备是否切断了主电源等就可以。

无论开展以上的哪个活动，建立可以让全员参加的行动机制，相互轮换检查和持续推进都非常重要。

良好 【水平A】	明确自己职场的生产活动与环境基本法相关的项目，全体人员都带着环保意识执行。对于为了削减CO_2排放需要做什么也非常明确，而且全体人员都遵照执行。
一般 【水平B】	对于保护环境的意识是有的，但对于具体做什么没有进行明确。 仍然存在垃圾分类不彻底，经常忘了关灯的情况。
不好 【水平C】	没有环境保护意识。 没有垃圾分类和节电等保护环境的行为。

每个人的活动都会影响环境

第 3 章

✣

生产制造水平
从 C 级提升到 B 级

本章的内容

通过阅读第 2 章的内容，相信您已经可以判断自己职场的生产制造水平了。评估的结果应该会随着各位读者的想法和抱负不同而存在差异。有的人抱着"应该还能做得更好"的想法而采取严格的评判尺度，有的人会认为"迄今为止的活动改善方向很正确"，而采取较为宽松的评判尺度。

仅用这个评价标准，不同的读者可能或多或少有些偏差，所以希望大家阅读完本章的内容后，能知道更多的提高制造水平的方法。对照自己的现场，更清楚地知道自己所在的职场生产制造水平的现状，从而向更高一级水平提升。

本章的内容主要针对刚开始引入改善活动的读者，以及在第 2 章生产制造实力自我诊断中认为自己的现场处于 C 级水平的人，我将穿插一些实际案例，讲解提升到 B 级水平的方法。

认为丰田生产方式就是"KANBAN 方式"的人，概念上还是有欠缺的，如果生产制造的基础不扎实，推进丰田生产方式是不能成功的。

本章的内容就是为了筑造这个基础。

在这个阶段，方法工具和知识都是次要的，持续改善的干劲和热情才是推动进步最重要的力量。

3-1 // 零件材料的接收和准备状况

在丰田生产方式中经常提到"在需要的时候按照需要的数量生产需要的产品",这句话从零部件采购方的角度来说,就是"在需要的时候按照需要的数量送货"。实际上这都是从自己的立场出发单方面的想法。

不能简单地按照自己的立场来要求,更加现实的做法是既要考虑购买方能在需要的时候得到所需要的东西,对零部件供应商也要起到帮助的作用,因此我们**必须引入均衡化的概念**。当然,在这个剧烈变化的时代如果实施 1 个月、2 个月范围内的均衡化,生产就不能及时应对市场的变动。所以"需要"的概念是指:**供需双方就"在多少天之前,需求在多少比例范围内变动是可以接受的"达成共识**。

比如下下个月开始的 2 个月的预测信息,下个月开始的 1 个月的预定信息,以及下下周开始的 1 周的确定信息,和第四天的一天量的送货通知,能做到这一步的话就已经达到 A 级水平了。

如果信息变动很大,会给供应商增加很多麻烦,所以双方要约定一些条件。比如规定送货通知和确定信息的变动在正负百分之十以内,确定信息和预约信息的变动在正负百分之三十以内,预约信息和预测信息的变动在增加 2 倍到减半的范围内等。

在实施的准备阶段,要调查各个部件从发送订单到生产出货的提前期。在了解实际情况的基础上,双方再一起努力缩短从下单到发货之间的提前期。

不仅是采购零部件的交货期,部件的品质和信赖性等也是非常重要的因素。采购人员到部件供应商现场推动改善的热情和努力,以及供应商具备基本改善能力是成功的关键。

零件采购的平准化

◎提供4个阶段信息

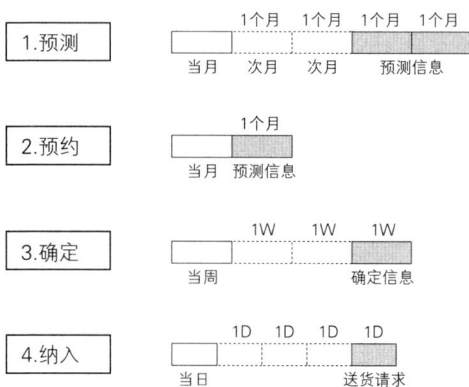

1.预测	

	1个月	1个月	1个月	1个月
当月	次月	次月		预测信息

2.预约	

	1个月
当月	预测信息

3.确定	

	1W	1W	1W
当周			确定信息

4.纳入	

	1D	1D	1D	1D
当日				送货请求

◎零件到货的实际情况调查

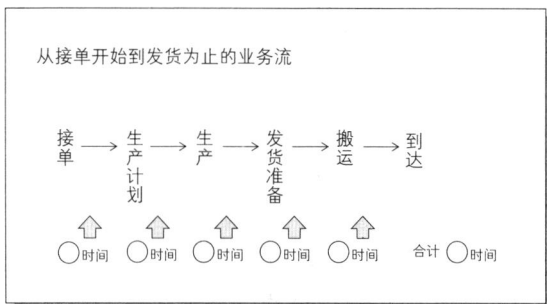

从接单开始到发货为止的业务流

接单 → 生产计划 → 生产 → 发货准备 → 搬运 → 到达

⬆️○时间　⬆️○时间　⬆️○时间　⬆️○时间　⬆️○时间　合计○时间

3-2 // 减少材料仓库与生产线之间的滞留

改善"材料仓库与生产线工序"间的物流有一个前提，那就是配置专门的搬运人员，负责把零件搬送到作业员的手边。这里说一个不好的事例：物流人员把第 2 天一整天要用的材料零件，全部放到生产线旁的临时置场，企业负责组装作业的作业员用完材料的时候，就停下手中的工作，自己到放置材料的地方拿取。在这样的现场，组装作业的作业员之间都会多放些半成品，为的是在他们取材料的期间，其上下工序还能保持连续工作。因为了放置这些多余半成品库存浪费了很多空间，生产线会变得杂乱无章。

生产线零部件的放置方法，当然要根据 IE（Industrial Engineering）的原则来配置，为了使搬运者也能周期性地进行工作，正在使用的零部件的放置位置、放零部件的空箱的回收位置，以及接下来要使用的零部件的箱子的放置位置都要考虑到。

通过设置这 3 种放置场所，负责配送零部件的搬运人员，只要在组装作业员开始使用新的一箱里的零部件，到箱中零部件使用完毕为止的时间内，放置好下一箱零部件即可。这样安排的话，配送零部件的时间稍有波动也不会影响生产。

配置了零部件搬运人员，就可以避免组装作业员中断组装作业而去取物料的情况，接下来就可以推进减少组装作业员人数的活动了。

接下来建立起直接从仓库配送到生产线的搬运机制，零部件仓库和组装现场之间的零部件库存做到最小化，就是 A 级水平了。

配置专职负责搬运的作业者

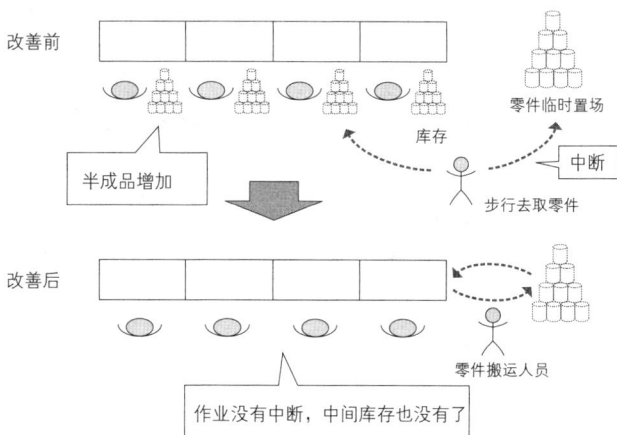

◎配置专职负责搬运的作业者

改善前

半成品增加

库存

零件临时置场

中断

步行去取零件

改善后

零件搬运人员

作业没有中断，中间库存也没有了

◎生产线内零件的摆放方法

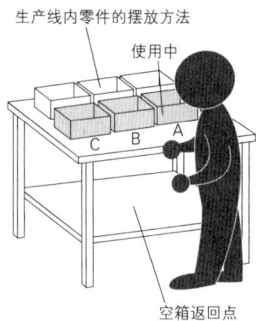

生产线内零件的摆放方法

使用中

C B A

空箱返回点

3-3 // 削减半成品库存的方法

生产线的手持率是指，在生产过程中生产线内的半成品库存数除以正在产生附加价值的工序数得出的值。也就是说，**它是一个表示有多少多余库存的指标**。

以以手工作业为主体的组装生产线为例，生产线中合计有 10 个半成品库存，此时的作业员为 5 人的话，生产线的手持率为 10÷5＝2。工序间多余的库存多，生产线的手持率也会增大，库存少则小。理想的水平是达到 1.3 以下，这是一个能让生产线如同有生命的物体一样，进行节奏性生产的数值。

因此首先要做的是，使工序与工序之间的库存最多只保留 1个。通过这个方法可以看出生产线上作业员间的负荷差异。不要对生产线平衡性问题置之不理，要推进改善，使各工序作业员的工作量取得良好的平衡。

生产线工序间工作量平衡性的指标称为编成效率，用第 062页图中的公式来表示。编成效率在 93% 以上的生产线，基本看不到等待的现象，全体人员都处在很活跃的作业状态。

生产线手持率的概念不仅应用于以人的作业为主体的组装生产线，对生产制造全体都适用。设备加工的工序和自动组装的场合，与人的组装工序相应的附加价值工序数类似，以机械实际加工的工序数来计算就行。搬运和翻转定位等对于零部件没有产生附加价值的工序，不要计算在必要工序数内。自动生产线也一样需要减少半成品库存。

生产线手持率的考虑方法

◎生产线手持率

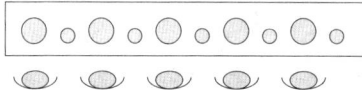

组装生产线

生产线上的个数
10个
生产的人员
5人

生产线手持率=10÷5=2

设备加工生产线

自动加工机器
5台
生产线的产品
10个

生产线手持率=10÷5=2

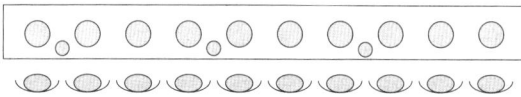

理想的生产线手持率

生产线上的个数
13个
生产的人员
10人

生产线手持率=13÷10=1.3

◎山积图和编程效率

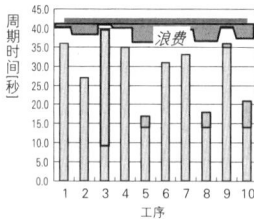

编程效率：63%

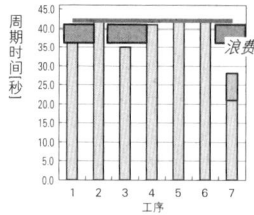

编程效率：91%

$$编程效率 = \frac{T.T. \times 作业者数 - \Sigma \mid T.T. - C.T. \mid}{T.T. * 作业者数} \times 100\%$$

3-4 // 削减车间之间/生产线之间的库存

削减车间之间和生产线之间的库存，也需要开展各种各样的改善，目标是实现小批量、后工序拉动的生产模式。

首先必须做的是消除会引起长时间停止的故障。为此要实施 TPM（Total Productive Maintenance）。TPM 说起来简单，实施起来往往很难做到，第 1 步要给自主保养的时间，通过作业员自主活动，使生产线作业员和维护人员紧密协作起来。

其次是要求质量的稳定性。提升质量水平，实现不生产不良品的生产线。也就是说，生产制造不能安定化的话，生产线之间和车间之间的库存是不能得到有效削减的。用具体数值来说，需要达到可动率 95% 以上，直通率 90% 以上。

可动率 = 希望运转的时间内能够运转的比例，100% 是理想状态

直通率 = 工序内合格产品而不需要人工维修占产量的比例乘积

因为品种切换会使质量的良品率和设备的稼动率变差，但不能因此采取大批量生产，而要缩短切换时间以实现小批量生产为目标。若是迄今为止没有考虑过缩短切换时间的公司，现在开始开展缩短切换时间活动的话，基本能把切换时间缩短一半以上。而效果最明显的是不良品的降低，为了消除品种切换时发生的不良，实施品种切换的标准化，可实现切换不良的减半。

可以削减车间之间/生产线之间库存的生产线

第一步 　设定自主保全的时间

     └→ 生产线作业者和保全员的联系紧密

第二步 　追求质量的安定化

     └→ 可动率=想开动时能开动率：95％以上

     └→ 直通率=没有成为工序内不良且不用维修的
         产出率：90％以上

第三步 　追求切换时间缩短和小批量化

     └→ 切换时间缩短一半的话，即使批量缩小一半，稼动率也不会
         下降

     └→ 批量减半的话，库存会减半，
         占用场地面积也会减半。批量性不合格会消失

3-5 // 标准化

做到标准化了吗？被问到这个问题的单位中，回答"做到了"的占大多数。然而大家对于标准化的认识水平是有差距的，严格进行评判的话，标准化不是那么容易做到的。但如果没有标准化，所有改善都无法推进，特别是与品质相关的工作尤为重要。

这里所说的标准化包含以下内容。

1. 作业顺序是否明确了，是否规定了左右手的使用方法。

2. 时间是否明确？特别是对目视检查等做得太快也不行的作业，规定时间尤其重要。

3. 要引起注意的关键点明确了吗？

4. 同时是否写明为什么要注意关键点？能明确规定的意图并写下来，会成为工厂代代相传的财产。

5. 难以表述的部分是否通过照片和动画等便于理解方式来表达？

记述了这些内容的作业要领书是十分重要的。通过口头传授标准就像传口信游戏一样会发生变化。

一些现场会因为以上列举的内容写下来比较困难，而不去写。把一些细微之处详细写下来确实有难度，希望大家能逐步做到。

为了更快地推进标准化，并非一定要有完美的作业要领书。重要的是按照作业要领书进行工作，减少作业时间和质量的波动。刚开始的时候只要把质量最好、作业很顺畅员工的工作方法记下来就可以了。

标准化

◎作业要领书是一切的基础（ Operating Instructions is base for everything ）

作业步骤·关注点
（安全·质量·环境）和关注理由

记入每个作业步骤的时间和总时间40秒

No	作业内容	注意点	夹具·工具·测量器具等	时间（秒）	布局图		
1							
2							
3							
4							
5							
6							
7							
8							

【 企业名 】 作业要领

机种名称
制作日期
管理No

品质确认 制造确认 确认 制作

☐ 一般作业　☐ 品质确认作业　☐ 安全注意作业　标准手持　相互时间

图或照片	图或照片	图或照片
图或照片	图或照片	图或照片

异常发生时立即告知上级

用照片说明检查作业的要点

目视检查时的视线也作为标准

3-6 // 质量的状况

在这方面特别要关注的事情是质量管理工作是如何开展的。走在现场的时候看不见关于质量指标方面的图表，即使有也是用电脑打印出来、以月为单位的不合格件数或不合格率方面的内容。这样的情况，就很难说全部的人员会关注并致力于消灭不合格的活动。

特别是质量情况，它每天都在变化，是需要我们天天实施对策进行改善的项目。因此现场看到每天的图表是理所当然的。手工绘制每天的图表，能让员工产生"通过这样的对策，不合格确实减少了"的欣喜感受。质量结果不好的时候，也可以和全体人员一起商讨追查真正原因并找出对策。希望大家形成一起相互鼓励和反思的团队，做到每日用手工绘制质量表现图表，才称得上是全体员工在开展一起参与，减少不合格活动的部门。既没有图表又没有分析表的话，怎么能开展全员参与降低不良的活动呢？

在 2-5 节里提到提高直通率的活动之一，尽快反馈不良品信息非常重要。为了尽快进行反馈，减少前后左右工序内库存和工序间库存是很有效的。也就是说，工序间或工序内有库存的话，当发现不合格而追查真因时，由于该产品是发生不合格的工序 1—3 天之前生产的，生产的情况已经发生变化，真正的原因也就不清楚了。因此推进消除库存、尽快反馈、捕抓生产线细小的变化，对不合格的减少是非常有效的手段。而且，库存一多，先入先出就很困难。所以，减少工序内、工序间，以及车间之间的库存是非常有意义的事情。

◎以课为单位的图表

每日手写更新的图表

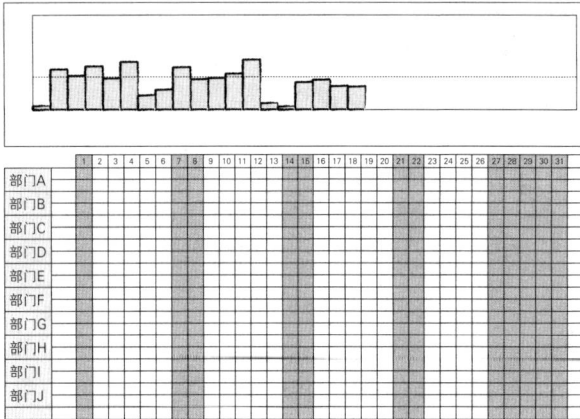

	1	2	3	4	5	6	7	8	9	10	11	12	13	14	15	16	17	18	19	20	21	22	23	24	25	26	27	28	29	30	31
部门A																															
部门B																															
部门C																															
部门D																															
部门E																															
部门F																															
部门G																															
部门H																															
部门I																															
部门J																															

◎现场的图表

电动螺丝刀扭矩管理表
2006年11月

	Xbarbar		XbarUCL		Rbar		Rucl		管理值	上限	
	n数		XbarLCL		Cp		Cpk			下限	

	1	2	3	4	5	6	7	8	9	10	11	12	13	14	15	16	17	18	19	20	21	22	23	24	25	26	27	28	29	30	31
初始值																															
上午 中间值																															
定期																															
上午 中间值																															
上午 最终值																															
检查者																															
监督者																															

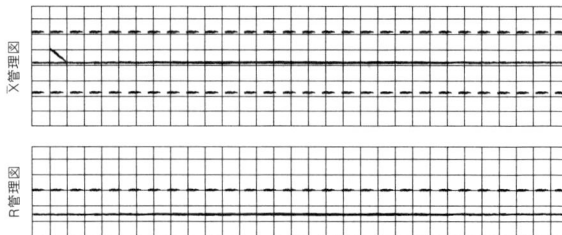

X管理图

R管理图

3-7 // 减少单位产量的波动

控制单位时间产出的波动，对于消除过剩设备和过剩人员，实现高效率的生产活动是很有效的措施。而且，在单位时间产出变化得到控制的状况下，突然发生产出减少的话，就知道是有什么问题发生了，针对这些问题采取措施，解决后能进一步提高现场的实力。

下面是一些比较有效的控制产量波动的活动。

首先实施单件流，然后提升编成效率，同时追求不发生差错的制造方法和不产出不良品的制造过程。特别是用设备生产的工序，要下功夫减少设备的小停机。

一定程度上达到上述状态的话（达到 B 级），就可以安装节拍器。节拍器是让作业员知道每个产品生产周期是延迟了还是提早了的工具。作业员延迟时要努力挽回，如果判断挽回不了的话，要呼叫线长帮助，提早完成时可以稍稍放慢动作，以便让身体得到休息。

节拍器大致分为 3 种方式。

①通过声音提醒的方法；②通过光提醒的方法；③通过强制驱动的方法。

①、②是间接通知，因此以作业员的意识来左右行动，可能会出现设置后不被遵守的状况。

而③采用强制驱动的方法，一定会得到遵守，但若没有作业员停止生产线的机制，即使发生问题生产线也不会停止，会生产出很多不合格产品。

减小作业偏差的活动

STEP1 实施单件流

·不发生差错和不合法的生产制造

·没有小停机的设备和夹具

STEP2 安装节拍器

间接节拍器

·声音

·光

直接节拍器

·传送带

·推动装置

3-8 // 应对变化

现如今是一个剧烈变化的时代，根本搞不清楚什么样的产品能卖得掉。但生产线要根据卖出去的品种和数量进行生产。因此，从长期来看，必须导入使生产线布局更容易变动的设备和夹具。

短期来说，要打造通过缩短品种切换时间可以实现小批量生产，以及根据生产量变化人员也随着变化的生产线。

从长期性的观点来说，要开发和引进符合生产规模的轻便小型化设备和夹具。理想状态是，只要员工周末临时出勤一下就能实施设备的移动和布局变动。这一点对于生产浮动很大的商品、公司尤为重要。

应对短期性变化，建立即使生产数量变动，人也不会有空闲时间的机制是十分必要的。举例来说，一条 6 个人每小时生产 60 个产品的生产线，当需求减少为 50 个，生产线就能变成 5 人每小时生产 50 个产品的生产体制。

为此，需要将 6 人配置为同方向，且不能有遮挡作业员与作业员之间移动的布局。作业员不能往返于工序间的情况称为孤岛。有孤岛的生产线在对应生产量的变动时，因为对作业的重新分配比较困难，所以必须尽量避免这种情况。

零部件加工中需要做品种切换的生产线，要建立短时间内进行切换，以及只生产需要的数量的体制。

即便是计划式生产，这些要求也是要做到的。如能运用小批量生产，制订只生产必要数量的计划，计划生产的模式也能更好地应对变化。

应对变化

1 长期的思考方法
- 能够方便变更布局的生产线
  ☆不生根的轻量化设备（没有地基的设备）

2 短期的思考方法
- 没有分离小岛的少人化生产线
  ☆人和人能方便移动的生产线

有分离小岛的
生产线

可以实现少人化
的生产线

零部件生产小批量化

3-9 // 生产计划

推进能应对变化的生产制造系统，就要尽量缩短生产周期，但是从零部件订购开始算的话怎么也要 2—3 个月。而且半导体产品从订购开始要 3 个月以上才能交货已经是常态。在零件材料都备齐的情况下，生产制造基本都能在比较短的时间内完成。

这里我们换个角度想一想，不要用零件材料订购的条件来确定生产计划，确定哪个品种什么时候制造多少个的生产计划，尽量按照生产该产品所需的时间倒推出来。DELL 公司是提前 2 小时确定生产计划。而丰田汽车大约是提前 3 天确定。但是，大多数没有推行丰田生产方式的公司，提前 1 个月、2 个月都很正常。究其原因，都说是零件材料的订购时间比较长。

根本问题还是要缩短零件材料的采购提前期。但这里我们将零件材料的采购和确定生产分开来讨论。

零件材料采购和产品生产并不是 1 对 1 进行的，所以针对零件材料订购量和生产量的差所引起的零部件库存，必须有能够调整的管理机制，也就是按照规定库存的基准来增减订购的方法。

那么，生产计划到底要根据什么信息来确定呢？

像 DELL 这样生产周期很短的产品，与客户之间是接单生产（例如，像房子这样的商品）的情况下，接单后就可以确定生产了。但现在大多数产品都是放在商店里让顾客挑选后购买的，以最新的销售信息进行生产是最确切的，如果销售店是其他公司，提供信息需要产生费用，那么就灵活运用公司内的信息。简而言之，就是构建以成品仓库的出库信息为基础的后补充式生产系统。

◎材料/零件下单和确定生产

> ×　生产计划　＝材料/零件下单＝　确定生产
> 　　　　　　　（预测的信息）（实际执行的信息）

> ○　生产计划　┤ 材料/零件下单
> 　　　　　　　　〕〕　（应对变化）
> 　　　　　　　　确定生产

◎按照出货量确定生产的管理方法

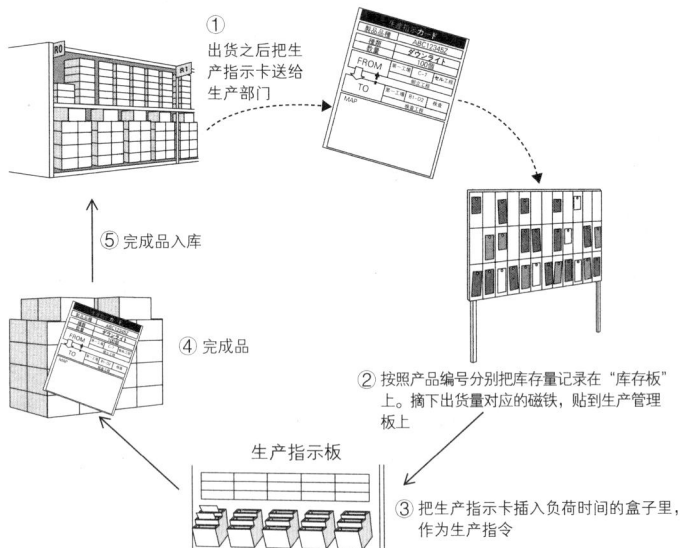

① 出货之后把生产指示卡送给生产部门

② 按照产品编号分别把库存量记录在"库存板"上。摘出出货量对应的磁铁，贴到生产管理板上

③ 把生产指示卡插入负荷时间的盒子里，作为生产指令

④ 完成品

⑤ 完成品入库

生产指示板

3-10 // 教育和训练

如果问，对新进员工是否进行了教育，得到的回答都是肯定的。但问到培训的具体内容，很多都是只实施了公司层面最低限度的 Off-JT（脱岗）教育。

如今怎样培养新员工，使之能够尽早独立作业，是实现品质良好的安定生产的重要课题。

谈到训练的方法，首先要明确应该训练什么项目。新人与熟手进行相同的作业时，为了使新人也能尽快达到与熟手一样的水平，应该将作业时间差距较大的作业和品质有波动的作业挑选出来进行训练。所以训练项目是根据岗位和工序不同而发生变化的。

不能只是训练了就完事。要明确"应被训练的要点是什么"。例如锁螺丝的话，需要传授用非主力手拿取螺丝，一颗接一颗捻出来的动作要点并训练。在线外传授要点和训练的方法，与在线内边操作边学习的方法相比，在线内 3 周时间所能掌握的技巧，在线外训练 3 小时就能够掌握。

发现作业要点的工作需要擅长分析的人来承担，通过拍下熟手的作业录像，观看慢动作找出要点。通过指导这些要点能更快培养出可以独自作业的作业员。

最近有很多能使作业分析变得更容易的录像系统和可视化工具，大家也可以考虑根据需要选用。

教育	就是教授不知道的事情
训练	就是反复操练知道的事情，直到能够熟练掌握为止

◇技能的培养◇ 反复操练直到能重复再现决定的作业精度
作业位置、力的强度、作业时间没有偏差、完成品的质量稳定

标准作业 用【作业顺序】【节拍时间】【标准手持】定义的1个人的工作

要素作业 构成标准作业的单位作业

基本技能 在要素作业里，熟练工和新员工差别大的作业（标准作业正确执行的关键）

标准作业组合表

品番・品名				標準作業組合表	製作年月日		所屬	員当り必要数	357個			
工程		組付工程						タクトタイム	75秒			
作業順番	作業名称	時手付	間自送	間步行	作業時間（単位 1目盛 1秒）							
1	トルクチェック	8	31	1								
2	現像液塗布	8										
3	カプラ取付・取外し	7	60	1								
4	ソケット取付・取外し	7		2								
5	エア・ブロー	1										
6	カシメ	7	25									
7	バリ取り・目視チェック	5		1								
8	グリス塗布	3	19									
9	キャップセット	7	31									
10	エア・ブロー	3										
11	ハウジング取出・異物除去	6										
12	ラック挿入・洗浄	5	36									
	合計	67	手持0	手持7								

3-11 // 整流化的状况

整流化是指物流过程没有停滞，物品像清澈的流水一样流动的状态。

物流存在停滞的状态，会以库存表现出来，在流动中还有很多问题。接下来谈一谈工厂整体物流和生产线内物品流动改善的方法。

我们发现很多工厂整体的物流路线不是从头到尾能一笔画出来的，而是存在分支、合流、交叉的状态，这种情况置身于工厂内部时很难看出来，把物流在打印出来的布局图上书写出来就容易理解了。在天花板上设置定点的摄像头，高速播放拍摄下来的录像是观察物品流动线路的方法之一。

要消除物流路线的问题必须进行布局的变更。改善起来需要花费一定的时间，因此要明确理想的状态，提前做好相关准备，做到机会到来的时候立刻可以实施。

此外，用来挖地基的设备很不容易搬动，如果没有任何"生根的笨重设备"，更容易向理想状态变更。所以，为了让今后更加容易变动布局，应该设置不生根的设备。

生产线内部分流和合流的情况也是比较常见的。生产线已经成形，一眼看上去好像实施了整流化，但仔细观察物品的流动就会发现还是存在交叉往复的情况，这样必然会产生工序间的库存。追查产品是哪个工序生产的，需要花费很长时间，质量问题发生后要追溯真因、寻找对策也会变得困难。

◎整流化

· 没有逆流
· 没有滞留
· 没有交叉
· 没有分离、合流

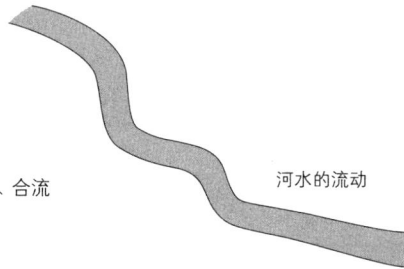

河水的流动

◎反复出现分离、合流的生产线

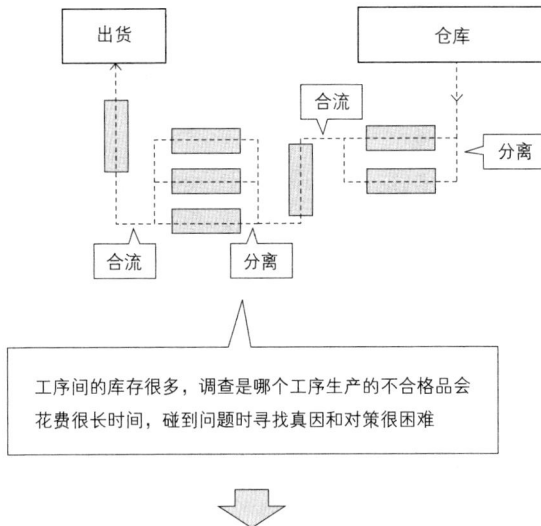

出货

仓库

合流

分离

合流

分离

工序间的库存很多，调查是哪个工序生产的不合格品会
花费很长时间，碰到问题时寻找真因和对策很困难

有必要把生产线变成一笔画的布局

3-12 // 5S、3 定、先入先出

在推行 5S 之前先实施 3S 本是理所当然的，但令人意外的是彻底实施 3S 的地方并不多。特别是需要下功夫的整顿，能做到"谁都可以轻易拿取"库位管理的地方很少。

"3 定"就是让任何人都能找到东西的方法。决定放置的位置【确定地址】和决定放置的物品【决定居民】，然后决定量【几口人】的 3 点内容称为 3 定。在东西很多的职场，经常会说如果要定位置和定物品放置，场地空间不够。但如果进入现场和他们一起研讨一下，基本都可以通过根据物品的实际大小规定放置面积，和部分零部件共用等方法来保证足够的空间。

实施 3 定的一个好处，是可以通过零件编号和库位的关联性寻找零件材料，库位设置合理的话可以做到移动距离最短、没有反复往返移动就能拿到所有想要的东西，达到提高零件材料配货作业效率的目的。

第二个比较重要的内容是先入先出。没有做到先入先出的话会出现以下方面的问题。

1. 发生质量不良的时候追究真因变复杂，找不到真因。

2. 发生重大质量事故时不能准确确定事故是何时发生的，不得不扩大调查范围。

3. 先生产的产品被留存了很长时间，出现生锈、过期、老化等。

为了做到即使不重新排列也能实行先入先出，必须确定放入和拿出的方式，从而达成轻松实现先入先出的目的。

5S、3定、先入先出

◎5S

> 整理：丢弃不要的物品
> 整顿：做到随时能取出想找的物品
> 清扫：时常保持整洁
> 清洁：时常维持整理、清扫、整顿的状态
> 素质教育：遵守即定规则

◎3定

> 定点：指定的地点
> 定物：指定的物品
> 定量：指定的数量

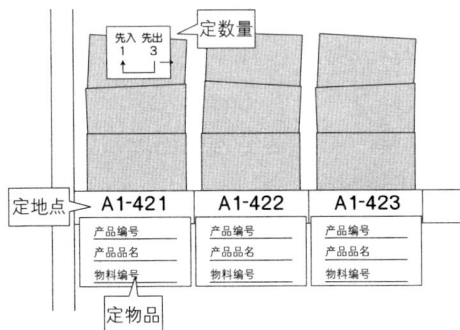

◎先入先出的好处

> 1.发生质量不合格的时候，方便寻找真因
> 2.发生客户投诉等重大质量问题的时候，能在较小范围内处理
> 3.消除长期留存的东西，使质量稳定

3-13 // 消除浪费活动和职场运营

消除浪费可以理解为改善活动的同义词。而改善活动的常态化是十分重要的。

改善活动成为全体组织的活动，日日进化是最好的状态。为此，上司的行动尤为重要。也就是说，上司需要让下属知道，做推进改善活动是很好的。无论是举办改善活动发表会，还是对提出有创意的提案进行奖励都是必要的。上司对改善活动说上一句"嗯！这个改善很好"，对于下属就是很好的鼓励。

为了让改善活动持续开展，使改善活动在公司中拥有与生产会议、质量会议一样的地位，对职场运营来说，将安全、质量、生产、成本、人事、设备维护保养、环保等方面正在开展的活动可视化，推进全体人员一起参与是很重要的。比起管理者一个人行动，全体人员共同参与会凝结出更大的力量，推动职场的改进。

1. 安全：为了不出工伤事故需要全体人员注意哪些内容
2. 环保：环境保护方面正在实施哪些内容
3. 质量：为了消除质量损失需要全体人员遵守哪些内容
4. 生产：为了能按照预定计划进行生产，正在实施哪些内容
5. 成本：成本降低的活动有哪些内容
6. 设备保养：设备维护保养活动需要全员实施哪些内容
7. 人事：想要创建怎样的职场，在实施哪些内容

领导的想法通过展板的资料被展示出来，与下属融为一体建设愉快的职场是很必要的。

消除浪费活动和职场运营

日常的改善活动和定期的发表会

· 上司的指导会

· 设定主题

· 形成小组进行改善

职场运营的7大任务

① 安全：创建没有疾病和伤害的职场

② 环保：为防止流出和削减CO_2而努力

③ 质量：消除质量损失

④ 生产：保持高效率的生产状态

⑤ 成本：推进降低成本的活动

⑥ 设备保养：推进TPM活动

⑦ 人事：培养人才和团队合作

3-14 // 安全与环保

职场中的纪律是否严明，为了遵守这些纪律，明确全体人员应该做什么，对安全来说至关重要。大家经常说安全始于意识，意识会表现在行为上。通过查看行为就可以推测出意识是否正确。所以在议论意识前，为了产出正确的行为需要做些什么是重要课题。

开展问候活动也是有了"不能不打招呼"的意识才开始，长期坚持的话就变得自然而然。也就是说如果没有其他人不断要求要进行问候，就无法开始。相关规定如果不反复说教到烦人的程度，就不能落实。从 C 级到 B 级，不断去指导是关键。

环保方面，减少排放和削减 CO_2 是最大的活动支柱。

只要法律法规和公司内部规定的排放标准不变，就不需要引入新装置和开发技术，持续维持就可以了。为了维持下去，必须推进工作场所相关项目的标准化，通过遵守这些标准就能维持环保的水平。减少排放主要是建立和遵守标准。

遵守关灯等决定的事情对 CO_2 的削减当然是重要的，那么怎样进一步节省能源呢？还需要关注压缩空气泄漏和设备空运转等相关内容。必须具备一定的知识和开展可视化活动，才能做到有效的关注。可以通过电力使用量、水的使用量和压缩空气使用量的实时可视化来提高意识。

综上所述，职场的领导需要不断分享改善事例，来巩固需要实施的内容，引起更多人关注安全环保的内容。

安全和环境

1.如何知道有没有安全意识

①与客户、同事和部下打招呼

②正确规范着装

③全体人员遵守决定事项

2.环境

①防止流出

　a.要做什么明确吗?

　b.有没有标准化?

　c.标准有没有遵守?

②CO_2削减

　a.决定的事情有没有标准化?

　b.针对看到的问题有没有进行教育?

　c.全体人员有没有对决定遵守的事情进行提案?

第 4 章

✛

组装工序的流动化——实现单件流

本章的内容

整个组装生产线，应该像有人指挥的管弦乐团演奏一样，按照一定的节奏运转，协调统一，没有半成品库存滞留。

为了实现这样理想状态的生产线，第一步是要做到"单件流"。

也就是说要把作业员集中到一处，从作业者以自己的节奏随意生产的方式，转变为在一定节奏下进行生产的状态。当然，这样做会使那些已经习惯了随心所欲作业的员工受约束，从而引起这些作业员的反对。不能说服这些反对者的话，就无法实现理想的生产制造，也就会被竞争对手拉开差距，陷入不能生存的窘境。

本章中我将具体讲述怎样实现单件流，实现有节奏的理想生产线的方法。

实现这样的生产线会产生以下这些效果：

1. 生产线内库存减少。

2. 能用比较小的空间进行生产。

3. 生产提前期变短。

4. 有节奏地作业使组装中发生的不良得到消除。

5. 有节奏地作业使疲劳感降低。

6. 很容易看见"勉强·浪费·不均"。

7. 生产效率得到提升。

8. 发生不良时很容易找到真因。

9. 容易分辨正常和异常的生产线。

所以，请大家务必试着挑战单件流。

4-1 // 工序间库存换算成金额来认识现状

要把随意的生产组织方式变为单件流，首先必须改变作业员的意识。那么如何展现工序间的库存的坏处，让全体作业员都觉得没有库存会比较好，进而大家一起努力削减工序间的库存呢？把工序间的库存换算成金额是比较有效的方法。

这个金额不以零件材料购入的金额×库存个数来表现，而是以加上附加价值后的金额来表示更有真实感。也就是说，从购买零件材料进厂开始，收货、检查、搬入仓库都花费了人工。当然这部分费用也要加上去，仓库中放置的材料部件的单价=购买单价+α的增加部分。

同样，在生产线内第 2 工序加工完成的半成品，比起第 1 工序加工完成的半成品，提高了其所赋予的附加价值。

把这样计算出来的工序间的金额给作业员看，开展降低金额的活动的话，工序内库存就会减少，生产线也会变得更加流畅。

降低工序内库存不仅是为了削减库存金额，不良也会由于更容易追溯真因而降低。

而且，作业时间波动的问题和人员移动的浪费也能看出来，浪费减少了，产量也就能得到提升。

综上所述，为了比较改善前和改善后的变化，准确把握各工序间的库存量、直通率或不良率、人工效率［产量/（1人＊小时）］的现状，然后推进改善是十分必要的。

特别是预先拍摄改善前的照片和录像，之后整理数据和成果、发表资料就会变得很轻松。

工序间的库存换算成金额

材料　第1工序　半成品　搬运　第2工序　第3工序　半成品　完成品

◎每个工序的单价是怎么变化的?

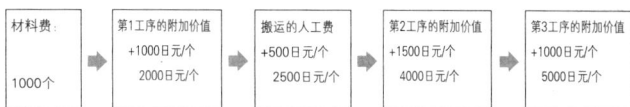

材料费		第1工序的附加价值		搬运的人工费		第2工序的附加价值		第3工序的附加价值
1000个	➡	+1000日元/个 2000日元/个	➡	+500日元/个 2500日元/个	➡	+1500日元/个 4000日元/个	➡	+1000日元/个 5000日元/个

◎每个工序的库存呢?

材料		第1工序		搬运		第2工序		第3工序
1000个	➡	500个	➡	2000个	➡	1000个	➡	2000个

◎每个工序的库存金额

材料	第1工序	搬运	第2工序	第3工序
1000日元/个×1000个 =100万日元	2000日元/个×500个 =100万日元	2500日元/个×2000个 =500万日元	4000日元/个×1000个 =400万日元	5000日元/个×2000个 =1000万日元

合计的库存金额=2000万日元

4-2 // 清除工序间的半成品

作业员的意识变化后，要做的是把生产线改善为能够实施单件流的生产线。

迄今为止，工序间有很多半成品库存的生产线，要把这些半成品库存都清除，变为工序与工序之间只能放置 1 个的状态。这时有些作业员会因为不能按自己的节奏工作而产生抱怨。比如在等待很多的时候，叫喊着"太闲了太闲了"，有的员工会抱怨没时间去取材料。

任何人，被剥夺了他习惯的工作方法都会产生不满。

对于这些不满，以坚决执行单件流的决心来面对是非常重要的。例如对于等待太多、太闲的人，说明等待本身的重要性，让他执行等待。对于没有时间去取材料的人，建立零件材料让其他人员巡回搬运的机制。

像这样推行 1 件 1 件流动，等待多的工序、忙碌的工序会显现出来。也就是说，平衡的不佳就会一目了然。把这个平衡的不佳的问题改善后，削减 1—2 个人应该是可以的。

把削减下来的人员分配到配料的人员中，生产效率会不降反升，使生产以有节奏的方式进行。

而且，由于减少了工序间的半成品库存，放置半成品的空间节约出来了。此时，把工序排紧凑可以缩短人的移动距离。当然生产线的长度也会变短。

清除工序间的半成品库存和实施单件流，是推进丰田生产方式的第一步。

单件流

◎现状

材料　第1工序　搬运　半成品　第2工序　第3工序　半成品　完成品

半成品库存多、浪费多

◎只放置1个

搬运

作业者因为不能按照自己的节奏进行工作，而前来诉苦
所以以坚定的决心推进很重要

◎工序间的连接

完成品

等待很多的工序、非常繁忙的工序很容易显现出来，从而推进平衡的改善

◎取得平衡

材料　第1工序　第2工序　第3工序　完成品

执行单件流是实施丰田生产方式的起点

4-3 // 产品的传递方式

生产小型产品时，作业完成后作业员只要 1 个 1 个地放在下一个工序前就可以了。条件是零件材料必须是单手可以拿取的重量和大小。

若编成效率达到 93% 以上的话，前工序的人作业完成放到规定位置，数秒后下个工序的人就拿走并开始作业。编成效率差的话，会出现前工序的人完成时发现与下个工序之间的半成品已经没地方放了。这个时候，要等到放零件的位置空出来再传递。通常情况下作业员不会等待，直接放到规定位置以外的地方，以自己的节奏再次开始生产。

作业分配不均、平衡性差的生产线就很难实现并遵守单件流。要持续保持单件流生产，就必须改善生产线作业负荷的平衡性。

如果是生产需要用双手同时搬运的体积大、重量重的产品，可以采用放置在轨道上、台车上或传送带上的流转方法。为了知道在规定时间内是否完成了作业，无论是小型产品、中等大小产品，还是大型产品都有必要设置节拍器。

中等大小以下的产品，工序间保证放置 1 个产品的放置空间不会很难。

像汽车和飞机等大型产品，就不能确保放置空间了。因此，大到这种程度的东西一边移动一边作业是更合适的方法。因为是以一定的速度进行移动，所以零件材料的搬运员和作业员都能带着时间意识进行工作，也减少了相互传递的浪费。但前提条件是当发生不良等异常时能停下来。

产品的搬送方法

◎小物品：用手拿取

・作业完成之后，作业者1个1个地放到下一个工序前。
・为了使前面的工序不要生产过多，就需要调整工序的工作负荷。

◎大物品：强制搬送

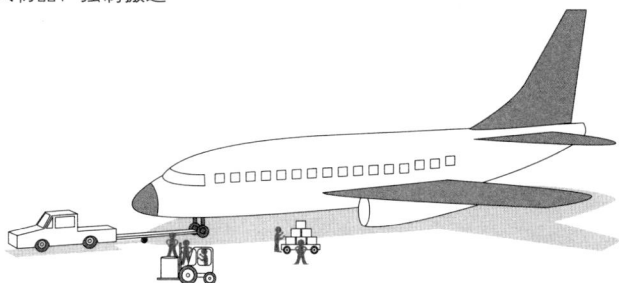

・用牵引车在前面强制搬送。
・按照一定的速度边移动边作业，能提高全员的时间意识，促进生产效率
的提高。

4-4 // 变更零件的摆放方式、前方供给

关于组装工序的零件材料的摆放场所，IE教科书的指导原则是尽可能减小动作的幅度，所以要下各种各样的功夫来配置零件的摆放位置。首先希望大家务必做到从作业者前方供给零件。实施从作业者前方供给零件材料时，要做到即使有多种零件也能保持最小移动距离。缩小零件的摆放宽度，在零件的摆放方式上下功夫是必不可少的。比如，长方形的零件避免横着放置而要竖起来，或者堆叠放置，向着能放置更多零件材料、缩小工序间距等方向努力。

其次是避免让作业者转身，摆放零件材料也要让身体的移动达到最小限度，这样才能进行轻松、有节奏的工作。

关于零部件摆放空间，很重要的一点是确保放置场所，使零件材料的搬运作业能周期性地进行。例如，零件是放在箱中的话，要确保作业员现在使用中的一箱的位置，和下次搬运作业员拿过来一箱，可以放到现在用的这一箱之后的位置。而且当组装作业员现在使用的一箱用完时，要有返回空箱的位置。也就是说，零件材料放置的场所，必须确保有空箱返回的位置、使用中箱子的位置和接下来要使用的满箱放置等3个位置。

一些做得不好的现场，没有满箱放置的位置，采用的是当使用中的一箱空了的瞬间，要求搬运作业员马上替换上满箱这样非常不可思议的作业方式。

零部件的放置方法

◎ 小型零件的放置方法

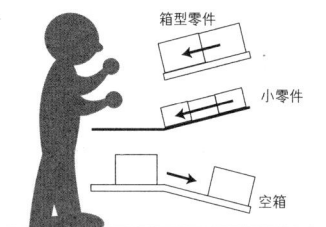

箱型零件

小零件

空箱

大物品：强制搬送

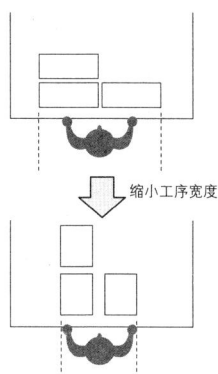

缩小工序宽度

能放置更多的材料使得工序宽度可以变窄

◎ 零件放置的场地

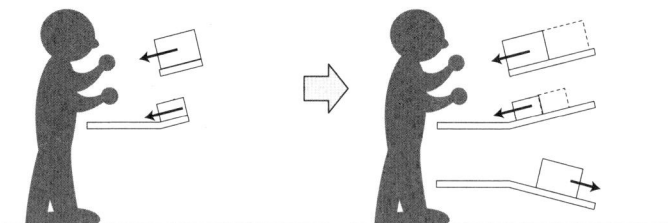

没有放置后面要用的零件的场地
JUST ON 方式

留有放置后面要用的零件的场地
JUST IN 方式

4-5 // 大型零件的摆放方法

无论如何都做不到从前方供给大型零件的情况下，只能采取后方供给或者侧面供给。比起转身从后面拿取，侧身拿取会容易些，所以应在实现横向拿取上多下功夫。另外，为了更容易实施作业量的再分配改善编成效率，可以配置利用货架或滑落架等简单的可移动装置。

对于大型零件和需要弯腰拿取的重物，还要考虑放置高度和位置。特别是大的东西要做到只供应"裸件"，去除包装箱，只把零件本体放在搬运架上运送到生产线边。这样作业员拿取起来就会很容易，疲劳程度也会大大改善。通过"裸件"巡回搬运方式，可以使生产线周边变整洁，组装作业员工工作也会变得更轻松。

另外，对于必须使用叉车才能搬运的零部件，该怎么办呢？仔细观察一下，都是些每个单重1—2kg的零件，数十个到数百个一起放在很大的托盘上会非常重，没有叉车根本无法搬动。希望大家把这样的零部件分成小份儿，放在人能搬得动的小型容器里。总重量18kg左右的话，搬运作业员可以手动投入材料架上，只用牵引台车就能搬送了。

希望大家把零部件用完的时候呼叫叉车的方式，作为最后的选择手段。其原因是每当生产线呼叫时，叉车都必须即刻拉着零件过来，开叉车的员工要经常保持等待的状态才能及时应对要求。这样的搬运方式称为不定时定量的方式，比起后面介绍的定时不定量的方式效率差很多。

大型零件的放置方法

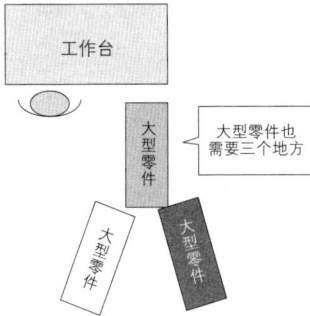

◎大型零件的放置方法

工作台

大型零件

大型零件也需要三个地方

大型零件

大型零件

去除包材，只提供零件

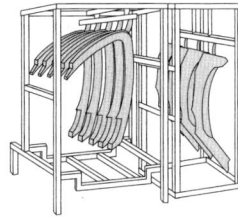

无法实现从作业者前方供给的话，要下功夫做到能从旁边拿取。
在货架上也要下功夫达到能够移动的状态。

零件挂在架子上搬送，既方便取出，又能保持生产线的整洁有序。

◎重的零件的收集方法

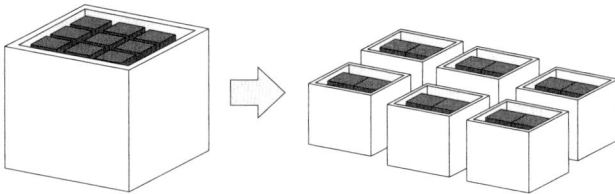

按照总重量控制在18kg左右的标准分装，使搬运作业者能放到货架上，牵引车能够搬运。

4-6 // 通过利用"节拍器"使浪费可视化

如同节拍器一样有一定的节拍的话，能知道生产的速度是快是慢，而且可以对每个工序的平衡性好坏进行可视化。由于发生问题时生产无法保持与节拍器一致，就能让人明确是否发生了问题。不要忽视这些变化，清楚认识到"课题＝浪费"，并提出对策的话，现场效率可以得到飞跃的提升。因此，安装节拍器使问题显现出来，对改善来说是非常重要的。

生产管理板是通过节拍器发现课题并采取对策，利用一块管理板管理起来的工具（管理板将在下节详细介绍）。

节拍器有间接通知和直接通知两种方法。

间接性的方法，有通过声音和光的方法。这两种方法都是在节拍时间快到的时候，给出通知"几秒后就必须结束作业了"的中间信号和通知"作业结束时间到"的最终信号。举例来说，设定节拍时间为 50 秒的生产线的话，中间信号在 35 秒时给出，48—50 秒之间给出最终信号。

作业员自己必须能判断作业是快了还是慢了。

另一种是强制节拍的方法，有工件停顿一定时间后开始移动和以一定速度移动两种方式。这两种方法都必须有异常发生时作业员自己能停止和再启动生产线的管理机制。

节拍器

◎间接节拍器

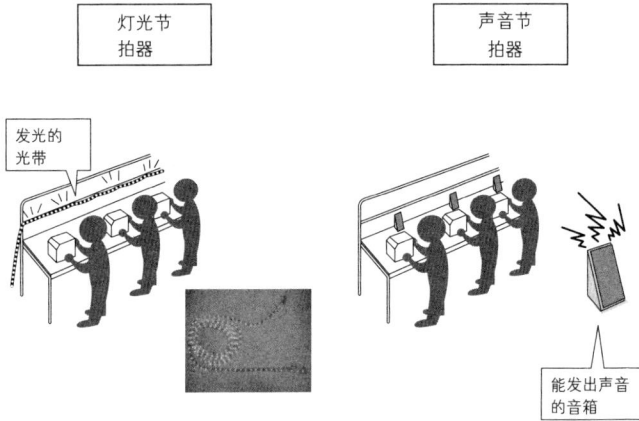

灯光节
拍器

发光的
光带

声音节
拍器

能发出声音
的音箱

◎直接节拍器

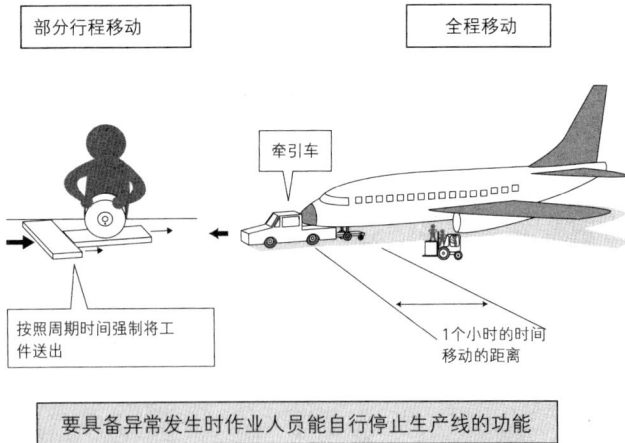

部分行程移动

全程移动

牵引车

按照周期时间强制将工
件送出

1个小时的时间
移动的距离

要具备异常发生时作业人员能自行停止生产线的功能

4-7 // 生产管理板

"生产管理板"是一种将生产的延迟和进展可视化、抽出问题点，与上司沟通对话的工具。

其使用方法和基本格式，分为组装这样连续生产的车间，和冲压、注塑、实装等批量生产的车间两种，下面分别进行说明。

连续生产车间

当生产线设计成"没问题就不会停止"，持续以节拍时间来进行生产的模式时，单位时间的生产量是计划好的，先把单位时间的生产量，从开始到各个时间段累积的生产预定数写在管理板上。然后填写累计生产量和单位时间产量的实绩值。接着，计算单位时间计划数和实绩值的差值。当产生差异时，写下理由。当计划数没有达成时，标注是己方责任还是他方责任。例如，把缺材料停止 5 分钟（他方责任），第 3 工序发生了组装错误（己方责任）等都记录下来。如果对策可以立即执行也标明一下。上司看到这个生产管理板时有时会夸奖几句，有时会一起商讨对策，而且可以随时与现场作业员对话。

批量生产车间

在批量生产的车间中，出于品种切换时间的波动，以及生产不同品种周期时间也不同等原因，根据单位时间写下产量比较困难。这种情况下建议以批次为单位记录。写下生产 A 产品时，切换是从几点几分到几点几分的计划。记录实际上几点几分到几点几分的实绩。其后比较计划和实绩的差，和响应的问题及对策等，做法与连续生产的情况类似。

牵引车

◎ 牵引车

2012年2月15日（星期三）	
可动率	%
欠	分
漏	分
计划停机	分
设备停机	分
作业延迟	分
其他责任	分
停机累计	分

2月份

节拍时间	1'24''
计划台数	345台

时间	计划台数（台）	实际台数（台）	与计划的差距（台）	差距的原因	自责Or他责	自责停机（分）	停机累计（分）	每小时可动率	累计可动率	对策
8:00～9:00	42							%	%	
9:00～10:00	43 / 85							%	%	
10:10～11:00	35 / 120							%	%	
11:00～12:00	43 / 163							%	%	
13:00～14:00	42 / 205							%	%	
14:00～15:10	43 / 248							%	%	
15:10～16:10	43 / 291							%	%	
16:20～17:00	29 / 320							%	%	
加班 53 / 373								%	%	

0.25hr···11台
0.5hr···21台
0.75hr···31台
1.0hr···42台

◎ 批量生产车间的生产管理板

生产管理板	月	日	今天的生产组合								

○○	白班	8：00	9：00	10：00	11：00	12：00	13：00	14：00	15：00	16：00	17：00
	中班	17：00	18：00	19：00	20：00	21：00	22：00	23：00	24：00	1：00	2：00
确定	型号	AB		BO	CD			KW	Free		
	看板张数	12		12	21			60			
实际	型号		AB		BO	CD		Free			
	看板张数		12		12	21					
	计划偏差的原因										

型号	AB	BO	CD	CC	CC2	KW	E	H	
设定/实绩	22／22	24／21	19／19	18／	18／	38／	6／	／	
切换目标/实绩									
切换开始时间									
组装开始时间									
生产量									
累计									
损耗									
工序责任									
保养责任									
设计责任									
运用责任									
其他责任									

4-8 // 利用"标准作业组合表"改善编成效率

在纵轴上按顺序从上到下书写要素作业，在横轴上填写各个作业所花费的时间，这就是标准作业组合表。

假设组装生产线由 4 道工序组成，可以把 4 道工序放在一起制作连续的标准作业组合表，这样一个产品做完合计花费多少秒就能明确了。

接下来，从当日应该生产多少个的生产计划中计算出节拍时间。将实际生产时间除以需求数量，得到的值就是节拍时间。若从开始到结束一直都在进行生产，按照这样计算的话可以确保生产出必要的数量。但实际上，不良或者小停机等都有可能发生，上述计算方式就成为一种脱离现实的状态。所以，要决定一个考虑了不良率、可动率影响的节拍时间。

这样确定节拍时间后，将从标准作业组合表中得出的全体作业时间除以节拍时间。得出的数值就是正常上班生产所需要的人数，这个计算值可能会出现 4.6 人之类的小数点后面还有零头的数字，建议大家舍去小数点，配置 4 个人，然后用加班来应对不足的部分。

将标准作业组合表的时间轴再次进行 4 等分。运气好的话正好切在作业要素交替点上，这时可以在这里进行作业交接。但是，大多数情况下会切在作业要素当中。这时要把作业要素进一步细分，将每个作业员的工作量均等化，提升编成效率。

◎标准作业组合表

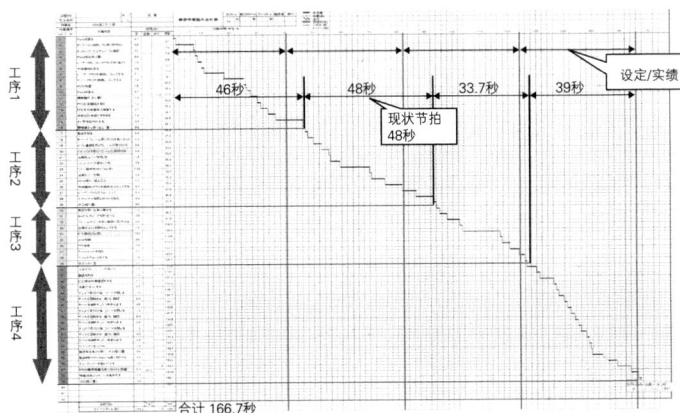

合计 166.7秒

工序1 / 工序2 / 工序3 / 工序4

46秒　48秒　33.7秒　39秒

现状节拍 48秒

设定/实绩

◎节拍时间的计算

当天必要数：720个

综合效率：95%（不良率1.5%，可动率97%）

→必要投入数：754个

754个产品在正常上班时间内生产完成的节拍时间（正常上班时间内工作时间：455分）

→455分 × $\dfrac{60}{754}$ =36.2秒

需要人数：$\dfrac{166.7}{36.2}$ = 4.6人

设定/实绩

→ $\dfrac{166.7}{4}$ 人 = 41.6秒

总加班时间：$\dfrac{(41.6 \times 754个)}{60}$ = 522.8分

→加班时间：522.8－455 = 67.8分（1.13小时）

4-9 // 多能工化

为了在有人年休或者休病假时也能持续顺利生产，作业员个人可以承担各种各样工序的"多能工化"是必不可少的，同一条生产线中要做到同一道工序至少有 3 个人。有 3 个人的话，有人休假或者突然有事请假也能应对了。

能够体现出谁做哪些工序的表就是多能工矩阵图。

在这个矩阵图中，纵轴写姓名，横轴写入工序名称。表格本身是十分简单的，如果 A 可以做组装生产线中的 3 个工序，在相应位置做标记即可。在这个事例中，请标记一个○，中间加一个十字，即一个四等分的圆圈形标记。先画圆，然后画十字并写入数字。这个数字表示的是通过训练达成这个水平的目标月份。将圆圈第一个四分之一涂黑表示能在指导人员的指导下进行作业。

圆圈涂黑一半的表示已经能按照标准进行作业，不过比起基准时间需要稍微多花一些时间，将圆圈涂黑四分之三的话表示能在基准时间内完成作业，圆圈全部涂满的水平是指能指导别人做这个工序的工作了。

制作多能工化矩阵图并展示出来的话，会使员工出现"○○员工可以做 15 道工序，我不能输给他，要会做更多工序"的积极的想法。

而且，通过观察纵轴，会发现，比如现在这个工序只有两个人能做，休息的人多的话就糟糕了，必须考虑培养谁，才能顺利运营之类的课题，促进现场力强化。

多能工化

◎ 多能工化矩阵

技能掌握状况

11.1.5制作

姓名 \ 工序	**安装生产线				××加工		
	工序1	工序2	工序3	工序4	工序1	工序2	工序3
○山○男	◑	⊕	●	●	●	●	●
△川△子	◕	◕	◔	◔	⊕②	⊕③	●
□田□彦	⊕②	⊕③	⊕④	⊕⑤	●	⊕③	●
◇村◇美	●	●	●	●	●	●	◑
◎本◎也	⊕⑦	⊕⑧	⊕⑨	⊕⑩	●	●	●
▲野▲代	◑	◑	⊕③	⊕④	⊕⑤	⊕⑥	⊕

<符号说明>

⊕⑤ 训练中，数字表示什么月份结束

◑ 有人在旁边指导的话可以胜任

◔ 虽然作业时间较长，但可以按照标准的顺序独立完成

◕ 遵守标准作业并在规定时间内完成

● 能够作为老师指导别人

·水平方向：个人的能力

·垂直方向：可以看出组织内哪些工序技能人才不足

104

4-10 // 自动化生产线的考虑方法①可动率

日语的"KADORITSU"有稼动率和可动率两个意思。

一般使用稼动率这个指标，表示上班时间里有百分之多少的时间处于工作状态。尤其是设备的稼动率，很多工厂不考虑设备保养和产品切换的时间，是假设 24 小时都能生产的状态来进行计算的。在使用昂贵的切削设备时，也会开展提高切削稼动率的活动，也就是指提高"实际切削时间在操作时间中的比例"的活动。

与关注整流化相比，考虑稼动率更优先的生产线，会充分考虑设备的加工能力，来配置生产线上各种设备的数量。比如用第 1 工序 5 台、第 2 工序 4 台、第 3 工序 6 台设备来配置生产线。但在丰田生产方式中，整流化是优先于稼动率来考虑的，按照生产线能力配置设备。

丰田生产方式将希望设备开动时，能 100%开动的可动率作为设备的管理指标，与稼动率的开机率相比，更重视"可开机率"。

具体内容如下页图所示，把要开动的时间作为分母，实际开动的时间作为分子来计算可动率。所以理想状态的可动率是100%。但对生产制造现场来说没有生意的话，还是不开机生产比较好，所以稼动率没有必要追求 100%，30%、50%都是可以的。当然，经营干部应该要为从客户那里争取更多订单而努力。提高可动率必须推进 TPM 活动+品种切换时间缩短、提升质量等活动。在丰田生产方式中，如果不能保持安定的生产，会影响到其他方方面面。

可动率

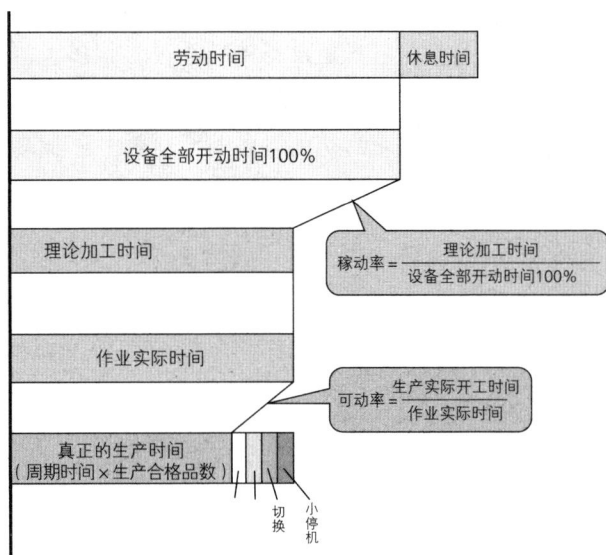

| 劳动时间 | | 休息时间 |

设备全部开动时间100%

理论加工时间

$$稼动率 = \dfrac{理论加工时间}{设备全部开动时间100\%}$$

作业实际时间

$$可动率 = \dfrac{生产实际开工时间}{作业实际时间}$$

真正的生产时间
（周期时间×生产合格品数）

切换　小停机

稼动率

设备生产能力全部发挥出来，正常工作时间内所占的比例

可动率

想开动设备时能开动的时间所占的比例

4-11 // 自动化生产线的考虑方法②库存

现在很多公司都有自动组装生产线。1 分钟能快速生产 100个、200 个产品的生产线很常见。

在这样的生产线中，工序与工序之间都保有大量库存，使得前后工序即使发生停止也能毫无影响地持续生产。也就是说，设计生产线时，就是以设备会发生停止为前提的。

这里希望大家能从不会停止的自动设备、工序间库存保持最少的方向，设计和构建自动化生产线。

基于大量生产，的确成本会有所下降，但应对变化的能力也会下降。如果是 5 年、10 年一直持续生产产品，也不是不可以考虑通过大的设备，通过大量生产来降低成本，但在如今这个变化如此剧烈的时代，这样的产品是很少见的。

与自动化生产线相同，手工组装线也应该采取单件流思想。

因此以人工为主的生产线，在消除浪费、打造高效生产线的基础上，逐步实现自働化比较好。一上来就构建自働化生产线，会成为一条浪费很多的自动化生产线。

时常有这样的情况，工厂请我们去参观一条其自称是人员干预很少、品质稳定的自动化生产线，人来做的话，1 个工序就能完成的工作被分割为 3—5 个工序，其间都是不产生附加价值的工件和装置的搬运。看到这样的情况，我一般会建议即使速度慢一些也没关系，将工序合并到 2—3 个，甚至 1 个工序来完成。

所以，希望大家今后在推进自働化生产线时，以工序少、单件流的自动化生产线为目标。

◎自动化组装生产线

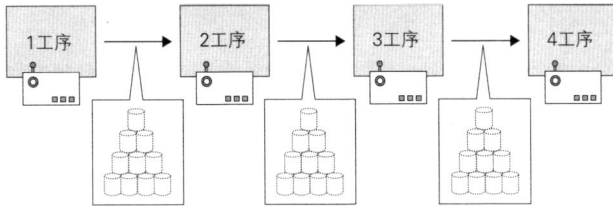

| 1工序 | 2工序 | 3工序 | 4工序 |

工序和工序之间持有大量库存、以前工序出现问题也能持续、
不用停止设备为前提的生产线

⬇

虽然成本能降低，但无法应对剧烈变化的市场需求

⬇

应该向工序数量、库存、高合格率的自働化方向努力

◎理想的自动化组装生产线

●在手工组装生产线上消除浪费

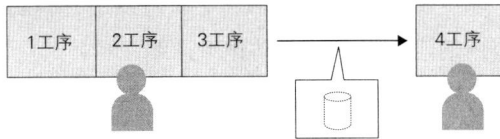

| 1工序 | 2工序 | 3工序 | 4工序 |

⬇

把1-3工序进行整合、实现单件流

⬇

●将改善后的生产线进行自动化改造

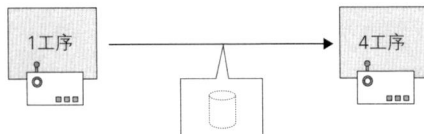

| 1工序 | 4工序 |

第 5 章

✛

**整流化——用必要
数量来决定生产节拍**

本章的内容

本章中，将介绍丰田生产方式"在必要的时间内生产必要数量的必要产品"的思想，如何做到没有停滞地搬运物料，以及从组装到出货的流程改善。

第4章中介绍了组装生产线为主体的线内改善方法，大家应该了解了以持续的单件流思想来构建组装生产线的必要性。

用同样眼光来看工厂整体时，也就是说如果做到没有停滞、没有浪费的搬运流畅的物流，就可以说做到了"整流化"。那么，要怎么做才能使工厂全体的物流没有停滞、浪费很少，达到"整流化"的状态呢？本章将对相关内容进行介绍。

要让工厂全体有节奏地动起来，指挥者在哪里呢？这就是丰田生产方式中后工序拉动的思想源头，最终"组装工序"肩负着指挥者的作用。这个指挥者本身节奏失常的话，其他车间会随之失常。

因此，第4章中提到的根据节拍器有节奏地生产是非常重要的。而且，决定节拍器周期的节拍时间的计算方法尤为重要。

也就是说，工厂全体以节拍时间为基准运作的话，不会有不移动的库存和过剩的零件材料，会成为具有良好现金流的生产现场，能以较少的资金产生更大的经营成果。

另外，连起车间与车间之间的搬运工作，作为传递车间之间节奏的关键，不能不引起重视。在丰田生产方式中，担当这个任务的管理工具是"领取KANBAN"。

本章将介绍的搬运相关内容正是基于上述这些观点。

5-1 // 节拍时间与周期时间的差异

在 4-6 节中关于节拍器的记述，确定这个节拍的基础，是决定几秒做出一个就行的节拍时间。

计算节拍时间的方法，有工作规定稼动时间除以必要数量得到的理论节拍时间，和考虑了加班、不良率和可动率等计算出来的实行节拍时间两种方法。

实行节拍时间的计算方式记载在下一页的表中。若平均每天必需生产的必要数量是 500 个，这条生产线的不良率为 1%，可动率是 98% 的话，综合可动率就是 $0.99 \times 0.98 = 0.9702$，即综合可动率为 97.022%。为了确保生产出 500 个合格品，必要的投入数量为 $500 \div 0.9702 = 515.35$，即必要的投入数量为 516 个。工作规定稼动时间设定为 410 分钟的话，$410 \times 60 \div 516 = 47.67$，即节拍时间为 47 秒。假设完成一个产品需要 200 秒的时间，为了在 47 秒内产出一个，需要 $200 \div 47 = 4.25$ 人，实际安排 4 个人来生产。必要的稼动时间为 $200 \div 4 \times 516 \div 60 = 429$ 分。实行节拍时间为 $200 \div 4 = 50$ 秒，即需要 4 个人加班 19 分钟才能生产出必要的数量。

大家可以用这样计算出来的实行节拍时间来运行生产线。

另外，周期时间不是指除以必要数量得出的时间，而是表示现在生产线实际运行时间的值。

这里举个不好的事例，有些生产线把实行节拍时间计算出来指导生产线运行，即便安装了节拍器，也无法按节拍器的节拍生产。其原因是实行节拍时间和周期时间没有做到一致。反之，能按节拍器进行生产的地方，实行节拍时间和周期时间肯定是一致的。

节拍时间和周期时间

周期时间

➡ 现在反复作业中1个循环的时间

节拍时间

➡ 达到1天所需生产数量下1个循环的时间

节拍时间

正常工作时间除以1天所需生产数得到的1个产品的生产时间

实际节拍时间

考虑了不合格率、可动率、加班在内的实际生产时间，除以1天所需要生产的数量，得到1个产品的生产时间

- ·实际节拍时间的计算例子

  正常的实际开动时间　410分
  生产1个产品所需的时间　200秒
  当天需要生产数量　500个
  不合格率1%、可动率98%
  综合效率97.02%　　　　　$0.99 \times 0.98 = 0.9702$
  需要投入数516个　　　　$500 \div 0.9702 = 515.35$
  设定的节拍时间47.77秒　$410 \times 60 \div 516 = 47.77$
  通过计算需要4.2个人　　$200 \div 47.77 = 4.18$
  4个人做所需的稼动时间　$200 \div 4 \times 516 = 25800$　→　$25800 \div 60 = 430$分
  实际上安排4个人加班20分钟　　　$430 - 410 = 20$

5-2 // 生产线之间/车间之间的物品流动

为了使丰田生产方式高效地运转，与生产线内的物品流动类似，生产线之间/车间之间的产品，做到没有停滞地流动也是非常关键的。如果生产线与生产线之间、车间之间信息的传递不能高效有序地进行的话，是做不到"只生产下工序必要的产品和数量"的。

在很多实施按计划生产的企业中，在车间之间放置 1 日或 2 日的库存来制订生产计划。还有甚者，生产计划部门是以周为单位，或者以月为单位把生产指令直接丢给生产现场，生产现场的各个车间独自制订生产计划。这样做的话不可避免地会产生大量库存滞留。

实施单件流混合生产的企业很少，大多数公司还是以 A 品种 10 个，B 品种 30 个这样的小批量单位进行批量生产。这种情况下，如果能构筑起与组装工序批量相对应的零部件批量生产方式，也是可以的。

随着单元化生产的推进，组装生产线数量增加，组装车间也建立起同时可以生产多品种的机制。

这种情况下消除车间之间的库存要借助 IT 的力量，必须向各车间传递准确的生产指令。这个生产指令的信息过早发送的话，各车间会提前安排生产，堆积起来的库存变成应对设备发生故障时的定心丸。

用长远的眼光来看，这样的库存定心丸会削弱制造现场的能力。因为有库存，"如果现在不生产出来，就会给下工序造成麻烦"的紧张感也会随之消失，减少设备故障的活动和降低质量不合格的活动都会迟缓下来。

生产线之间/车间之间的流动

◎做得不好的事例

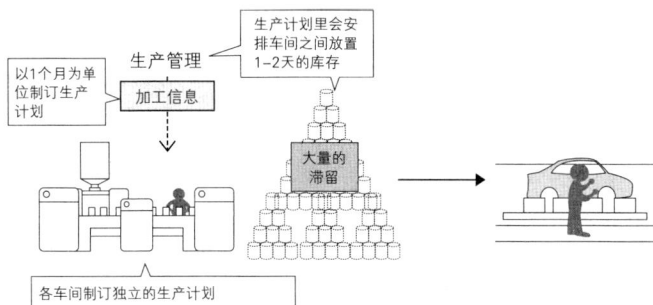

以1个月为单位制订生产计划

生产管理

加工信息

生产计划里会安排车间之间放置1–2天的库存

大量的滞留

各车间制订独立的生产计划

各个车间都会放置设备故障时使用的安心库存。
因为有安心库存，设备坏了修理也就不紧不慢了。

◎好的事例

使用的信息

确切的生产指令

基本上按照单件流生产

按照后道组装工序的需求，进行小批量生产

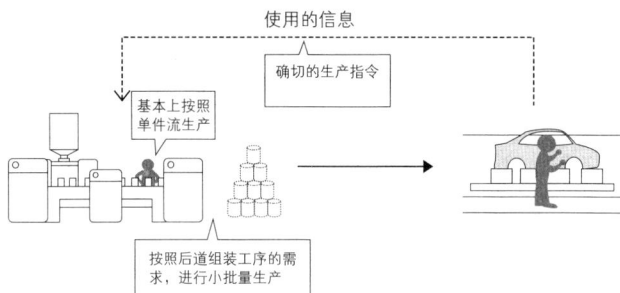

为了使生产线之间/车间之间物流具备更高的水平，库存要尽量减少，始终对现场可能出现的问题和不合格保持紧张感。

5-3 // 物流与信息流图

物流与信息流图是一个能俯视公司或工厂全体问题的可视化工具。最初是为了调查库存、生产提前期，以及指示生产的信息流、清除信息的停滞、物品停滞等而导入的。当然也可以用于以生产线为单位的改善活动。下面是调查步骤：

1. 调查哪个车间到底有多少库存，是什么时候生产的。

2. 调查在这个车间工序间如果没有库存，1个产品从投入到产出需要多少时间；在实际有库存的状态下需要花费多少时间。

3. 调查车间之间的搬运次数和搬运间隔，并调查清楚理由。

4. 调查生产的时机，以及搬运的时机是基于怎样的信息确定下来的。

5. 调查生产指示的信息是在怎样的时机给出的，第4步提到的生产时机和搬运时机之间是怎样的关系。

6. 调查生产指令和下达采购零件材料订单信息之间的关系，在怎样的时机决定并下达采购订单的。

7. 调查怎样从市场信息和销售信息得出生产计划，其频率是每月几次提前几天决定生产的。

调查完以上内容，把发现的问题点用爆炸图在物流信息流图里表示出来。

这样做就可以俯视事业整体，发现问题并着手解决。发现的问题被解决后，再次制作物流和信息流图寻找新的问题，进入下一个改善循环。

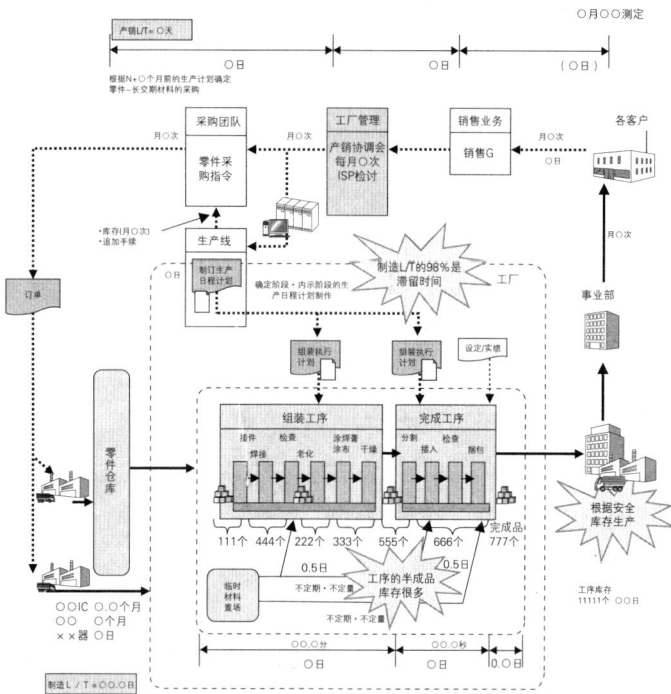

物流信息流图

俯视整体⇒发现问题/共享课题/抽取解决问题的灵感

产销L/T＝○天

○月○○测定

根据N+○个月前的生产计划确定
零件－长交货期材料的采购

○日　　　　　　　○日　　　　（○日）

采购团队

月○次

工厂管理
产销协调会
每月○次
ISP检讨

月○次

销售业务
销售G

月○次

各客户

月○次

○日

零件采购指令

生产线

・库存(月○次)
・追加手续

订单

制订生产
日程计划

确定阶段・内示阶段的生
产日程计划制作

制造L/T的98%是
滞留时间

工厂

○日

组装执行
计划

焊装执行
计划

设定/实绩

零件仓库

组装工序

插件　检查　涂焊膏
焊接　　老化　涂布　干燥

完成工序

分割　检查
插入　　　　捆包

根据安全
库存生产

事业部

111个　444个　222个　333个

555个　　666个

777个

完成品

0.5日

工序库存
11111个　○○日

○○IC　○.○个月
○○　　○个月
××器　○日

临时
材料
置场

不定期・不定量

工序的半成品
库存很多

不定期・不定量

0.5
日

制造L/T＝○○.○日

○○.○分　　　　　　　○○.○秒　　　　○.○日

○日　　　　　　　○日　　　　○日

查看事业整体的信息和物料停滞情况

5-4 // 搬运次数与库存

　　零部件从收货到被使用，有多少人碰过了？带着这样的问题去观察现场，也是发现问题的一个方法。

　　首先，讲个最不好的事例。零部件收货后，第一步先解捆拆包，确认到货数量是否和下单数量一致。第二步检查零部件质量是否符合要求。第三步是进行是否符合 RoHS 规定的破坏检查。第四步把零部件放到材料仓库的货架上。到这个时候，把搬运也算进去的话，该零部件其实已经被人碰过 9 次了。

　　需要在材料仓库分拣的零部件被临时保管起来，将其搬运到一次加工的工序，在此工序实施加工，加工完成后，放置到该工序的货架上等待使用。随后根据出库指令将零部件搬到组装线的旁边，等到要组装当天，从生产线边成堆的部件中找出并清点需要的零部件，拿到组装生产线。此时零部件才被正式用在了组装上，其间发生了 12 次拿取。

　　这个事例是按照最不好的状况设想的，零部件从收货到使用为止实际上发生了 21 次拿取。

　　而且以上讲的主要是搬运中的拿取，组装时换手的拿取和半成品变换角度的拿取，这些也是浪费的动作，而应当进行改善。特别是零部件的翻转和旋转，很多情况是不变更设计的话，很难进行改善，所以必须与设计部门协作来推进改善。而换手的拿取动作，可以通过变更零件材料放置位置或拿取方式、作业方法（特别是左右手的作业分配）来简单地改善。

搬运次数和库存

◎改善要点的验证（用最坏的例子）

<从收货到出库为止>

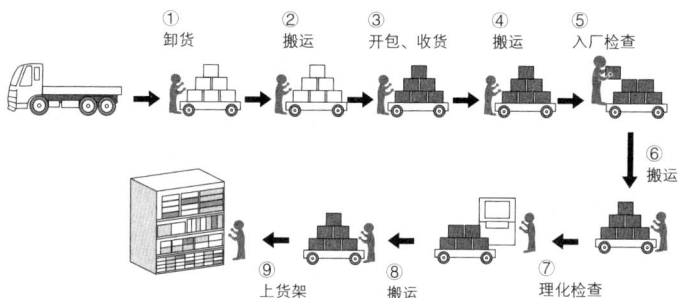

① 卸货　② 搬运　③ 开包、收货　④ 搬运　⑤ 入厂检查
⑥ 搬运　⑦ 理化检查　⑧ 搬运　⑨ 上货架

9次搬运作为改善的对象

<从出库到完成为止>

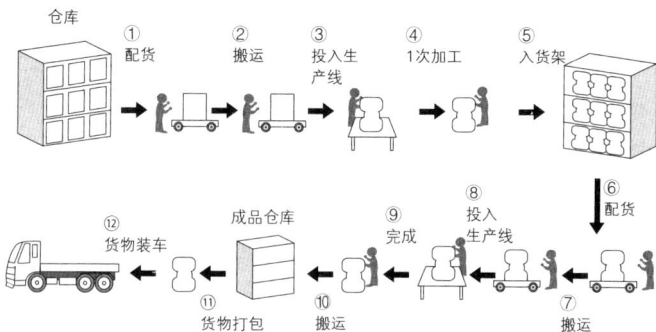

仓库　① 配货　② 搬运　③ 投入生产线　④ 1次加工　⑤ 入货架
⑥ 配货　⑦ 搬运　⑧ 投入生产线　⑨ 完成　⑩ 搬运　⑪ 货物打包　⑫ 货物装车
成品仓库

12次搬运作为改善的对象

5-5 // 实现搬运作业周期化的物品摆放方式

我们经常发现，搬运零件材料的作业员为了避免生产线发生缺料的情况，往往会一边观察生产线的使用状况，一边进行零件材料的投入。这样会使搬运人员产生很多步行浪费。

由于制造产品是根据节拍时间，按照一定的周期循环往复进行的，所以希望搬运零件材料也能成为周期性作业。

为了达到这个目的，需要做到即使投入零件材料时机略有偏差，也不会影响生产线的正常运行。但是，由于担心停线，而在线上放置过多的零件材料也是不对的。

那么，到底应该怎么做呢？以一个零件为例来做介绍。

在周期时间为 60 秒的生产线中，有 1 箱装 10 个的某零件。组装作业员用到空箱后，把空箱移动到某处，然后拿取一只装满 10 个的满箱来使用。从开始使用到此箱用完为止的时间是 $60 \times 10 = 600$ 秒 $= 10$ 分钟。

搬运作业员只要在这 10 分钟内把下一次要用的、装满 10 个的满箱，搬过来就可以了。这 10 分钟的缓冲可以让搬运作业周期化。

为了实现上面的运作，对零部件的摆放方式整理如下：

①要有空箱或者空台车放置的场所。

②要有正在使用中的箱子或者台车放置的场所。

③搬运作业的小车带着零件材料被推来时要有放置材料的场所。

一个零部件要有 3 处放置场所。但由于空间狭窄不能保证 3 处场所时，可以考虑几个零件材料共用回收空箱的空间。

接受材料的一方不能准备好这些条件的话，周期化搬运零件材料就无法实现。

搬运的周期化

◎允许有搬运偏差的生产线

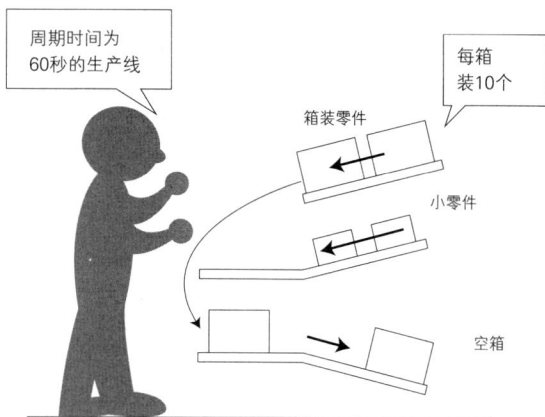

周期时间为
60秒的生产线

每箱
装10个

箱装零件

小零件

空箱

● 1箱零件用完所需要的时间:

周期时间60（秒）×10（个/箱）=600秒

10分钟

在10分钟内下一箱搬送到即可

因此需要

① 需要有场地放置材料使用完空出来的箱子;
② 在作业者前方能放置供其使用5–10分钟材料的量所需的场地;
③ 除了②中提到的场地，还要有零件搬运人员送来的零件放置场地;
④ 实现稳定且有规律的生产状态。

5-6 // 定时不定量搬运和不定时定量搬运

在生产制造过程中总会发生失误或设备故障等各种各样的异常，完全按照公式一样生产是不现实的，一定会出现各种变化。生产就像生物一样时刻变化着，因此有人说"现场是有生命的"。

面对这样宛如活物的现场，必须及时搬运零件材料。

完全按照计划进行搬运的话，常常会发生生产线边零件材料堆积如山的问题。所以，按固定的时间搬运一定量的"定时定量搬运"是不可行的。应该实施能应对生产线变化的搬运。

方法就是规定一定的时间内数量可变的搬运（定时不定量搬运），和变动的时间内搬运一定量的"定量不定时搬运"这两种。

实行上一节提到的生产线边的物品放置方法，使得生产达到零件材料搬过来时多少有些偏差，也不会影响生产的状态的话，就可以实施定时不定量搬运了。

搬运的目标状态为定时不定量搬运，在万不得已的情况下才采用不定时定量搬运。不定时定量搬运是向搬运作业员告知材料用完的状态，实施一旦收到这个信息就进行搬运的方法。为此，搬运作业员需要做到一呼叫就能进行搬运的状态，因此需要保证给搬运作业员宽裕的等待时间。若需要进行不定时定量搬运的材料，是要用叉车才能搬运的很重的材料的话，应该推进减少到一箱的重量，轻量化到能用台车等搬运，从而能够实施定时不定量搬运的改善。

定时不定量搬运和不定时定量搬运

◎定时不定量搬运

生产线

按照一定的时间周期，根据生产线的进度变化，搬运所对应数量的零件的搬运方式。

◎不定时定量搬运

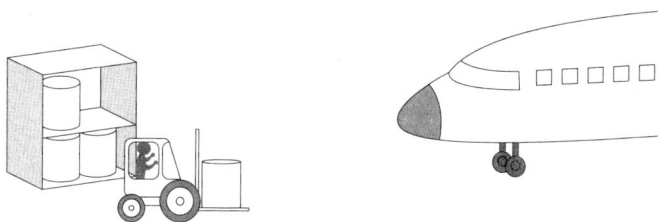

搬运方式就是把材料的消耗情况告知搬运人员，搬运人员根据需要的量和时间进行搬运。让搬运人员不忙乱。重的材料轻量化是改善的要点。

5-7 // 确定搬运周期的方法

在组装工序基本能以一定的周期进行生产的前提下，就可以按照下面的步骤决定搬运周期。

1. 调查所有生产线内所有零件材料单箱的装箱个数。

2. 全部零件材料尽量做到整箱包装，可以考虑使用台车等搬运方法。台车可以考虑连接起来。一次能搬完的话按第 3 步推进；若 1 次不能搬运完，则按第 6 步来推进。

3. 1 箱的装箱数最少的零件材料的搬运，间隔要几分钟？例如，装箱数是 10 个，组装的周期时间是 60 秒的话，$60 \times 10 = 600$ 秒，就是间隔 10 分钟为周期。

4. 调查在这个间隔时间内能够给整条生产线供料吗？调查方法是按照最小装箱量 2 倍以上的零件材料，以 1/2 次来计算。此时实测按照一笔画的路线巡回供给一次需要多少时间。

5. 如果来得及供给就按这个周期开始搬运。

6. 来不及搬运的话，增加搬运人员到 2 人，或者把最小装箱量的零件材料的放置空间扩大到 2 个，拉长搬运间隔时间。

7. 把人员增加到 2 人十分简单，还要拉长搬运间隔时间。由于最小装箱数的放置空间扩大到 2 倍，搬运间隔也就可以延长到 2 倍。此时，以下一个搬运周期时间最短的零件材料（装箱量最少的零件材料）为对象，按照第 3 步计算容许间隔的时间即可。

按照如上方式反复计算就可以找到可行的搬运周期。找到之后立刻验证实行和改善。

1．调查零件清单中所有零件的单位包装量、搬运间隔

零件名称	周期时间	包装数	1箱消耗时间（=搬运间隔）	搬运间隔比
○○○○	60秒	1 00	100分	1／10
△△△△	60	50	50	1／5
□□□□	60	25	25	1／2.5
××××	60	10	10	1

←包装数最小

> 每箱装容数很小的零件搬运间隔
>
> （××××）：60（秒）×（个）=600（秒）=10（分）
>
> 以10分钟为基准，计算出其他零件的间隔比
>
> （例）：100分钟 → $\frac{1}{10}$ =

2.调查全生产线是否能按照这个间隔进行配送

全工序配送时的搬运时间	
从零件置场→生产线的时间	○秒
零件投入时间	○秒／1箱
箱回收时间	○秒／1箱
合计	○秒

> 按照顺序实际调查全生产线，是否按一笔画的路线
> 进行搬运。

5-8 // 指定库位管理

前面已经讲过 5S、3 定的必要性，其中定置的项目在这里详细讲一下。

关于定置，我提出过要设定货架编号的建议。走到现场大家都会理直气壮地说，已经给货架编号了。实际看一下，拿家庭住址来类比，货架编号也就像是给街区命名了而已，很多都是划分到〇〇区就算完成了。从那以后，我把货架编号的说法改为"库位管理"。

为什么要这么较真儿呢？我们经常要找东西，把找东西的行为当作好像有附加价值的工作，觉得要找是理所当然的。但实际上寻找的工作是没有附加价值而必须消除的。只要消除寻找的工作，效率就可以得到大幅度提升。想不寻找就进行零件材料的分拣工作，就要给每一个零件材料都赋予库位编号。

给每种零件都赋予库位编号之后，就可以知道所需要的零件材料在哪个库位。然后直接走到该库位所在地，立刻取出需要的东西。

更进一步，要拿取多种零件材料时，零件清单如果按库位的顺序排列，可以使步行距离最短，实现没有往复从头至尾流畅的分拣。

通过制作以库位为中心的分拣清单，使新人从事分拣工作也成为可能。

指定库位编号

实施库位编号是为了不用寻找零件

⬇

需要指定具体的唯一的地址编号

·库位编号的事例

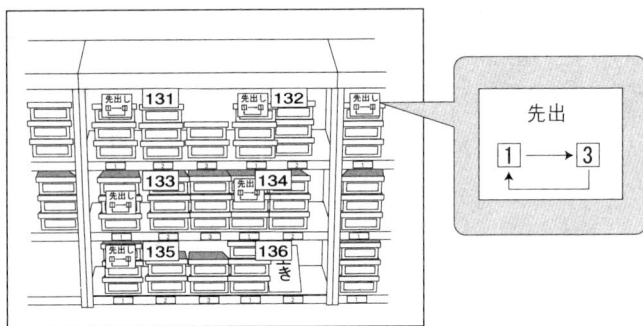

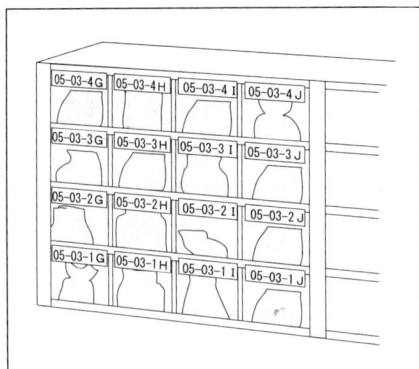

5-9 // 采用零部件简略编号的思考方法

公司越大，处理的零件材料种类就越多。因此，用来区分和表示公司内零件材料的物料编码常有 10 位、12 位，甚至 15 位长。过长的物料编码也是引起误装（装了错误的零件的意思）的原因。要使人能瞬间记住，物料编号位数越短越好，最长不要超过 5 位数。

从公司整体来看，12 位到 15 位可能是必须的，而从制造现场角度来说，能识别出工作场所内的零件材料就可以了。

某个制造现场专用的编号，为了与物料编码区分开来，这里称为零部件的"简略编号"。

仅 26 个字母和 10 个数字组合起来表现的话，4 位数就能表现 $36×36×36×36 = 1679616$，即 167 万种可能。

而且，由于是只在制造现场使用的编号，当赋予某编号的零件材料不再使用时，可以废止这个编号，或者将其用到新零件材料上。

这样通过使用只有英文数字 2—5 位数的编号，可以避免由于读错或记错引起的零件材料使用错误。

虽然英文数字有 167 万种变化，但是为了更直观、更易于理解，有的工作场所也会使用一个汉字来构成编号。

到此为止采用制造现场为单位表述的，如果仅限在部门内使用的零部件，采用部门独有的简略编号也是可以的。对只有简略编号而不放心的部门，把简略编号和物料编码并列起来，就没有问题了。

希望大家通过使用简略编号，消除读错、记错和用错零件材料而产生的品质不合格。

产品的简略编号

◎与简略编号关联的例子

产品编号	简略编号
7 3 1 3 5 － 2 4 6 5 6 － 0 4	732
7 3 1 3 5 － 2 5 5 6 7 － 0 5	745
7 3 1 3 5 － 2 4 5 5 6 － 0 3	753
4 3 1 3 5 － 4 2 5 4 0 － 1 2	842
4 3 1 3 5 － 4 2 1 5 6 － 0 5	254
4 3 1 2 6 － 4 3 0 5 6 － 0 6	564
5 3 1 3 5 － 4 4 0 5 6 － 0 6	323
4 3 1 2 5 － 4 4 0 5 6 － 0 5	328
4 3 1 2 6 － 4 4 0 5 9 － 0 7	365
4 3 1 2 5 － 4 4 0 6 6 － 0 5	583
4 3 1 3 5 － 4 4 0 5 6 － 0 4	766
4 3 2 3 5 － 4 4 0 5 6 － 1 3	752
4 3 1 3 5 － 4 4 3 5 6 － 0 6	856
4 3 8 1 3 － 4 4 0 5 6 － 0 5	901
4 3 1 3 5 － 5 4 0 5 6 － 0 5	583

公司管理所需的位数

3-5位数

因公司管理需求进行编制的产品编号非常长，很容易导致产品混淆。
在一定范围内，灵活地采用产品简略编号，有直观易懂的效果。

5-10 // 分拣作业的效率化

零件材料的分拣工作，常常是让有经验的老手来实施。但是，即便是熟手也只能在其熟悉的范围内进行作业，或者出现老员工休息的时候，要两三人才能完成他的工作。这些都是源于分拣作业的规则和步骤不明确，只能依赖老手作业员的经验和知识。

对于熟练的老员工，应该分配附加价值更高的工作。

分拣作业应该标准化，以使新人也能高效地完成。

那么，这一节讲一讲如何推进实现高效分拣的作业标准化。

首先，如前文所述，每种零件材料都被赋予唯一的库位，零件材料和库位编号的关系一一对应起来是十分重要的。对库位编号本身也应进行规范。比如，像下页图所示库位 A4-2-2-1，是指 A 号柱子开始第 2 排货架的第 2 列第 1 层。制定类似的库位号命名规则后，任何人都可以找到库位号所对应的实际位置。实现这样的定置、定物、定量，才有可能做到高效的分拣作业。

所需的零件材料和库位一一对应后，零件材料和库位就统一起来了。为了提高分拣作业的效率，打印出按照库位编号排序的物料清单，交给分拣作业员，作业员就可以按照顺序进行移动，减少步行的浪费。

用这样的清单让新人来分拣的话，比熟练工进行分拣花费更短的时间也是可能的。

配货作业

◎将以产品编号为顺序排列的配货清单，改为以地址编号为顺序排列的配货清单

配货清单

产品编号	地址编号	个数
4 3 1 2 5 − 4 4 0 5 6 − 0 5	D9 − 5 − 1 − 5	29
4 3 1 2 5 − 4 4 0 6 6 − 0 5	D9 − 5 − 6 − 1	41
4 3 1 3 5 − 4 2 1 5 6 − 0 5	B5 − 3 − 6 − 1	44
4 3 1 3 5 − 4 2 5 4 0 − 1 2	B5 − 3 − 5 − 1	55
7 3 1 3 5 − 2 4 5 5 6 − 0 3	A4 − 2 − 2 − 1	15
7 3 1 3 5 − 2 4 6 5 6 − 0 4	A4 − 2 − 1 − 4	31

⇩

配货清单

地址编号	产品编号	个数
A4 − 2 − 1 − 4	7 3 1 3 5 − 2 4 6 5 6 − 0 4	31
A4 − 2 − 2 − 1	7 3 1 3 5 − 2 4 5 5 6 − 0 3	15
B5 − 3 − 5 − 1	4 3 1 3 5 − 4 2 5 4 0 − 1 2	55
B5 − 3 − 6 − 1	4 3 1 3 5 − 4 2 1 5 6 − 0 5	44
D9 − 5 − 1 − 5	4 3 1 2 5 − 4 4 0 5 6 − 0 5	29
D9 − 5 − 6 − 1	4 3 1 2 5 − 4 4 0 6 6 − 0 5	41

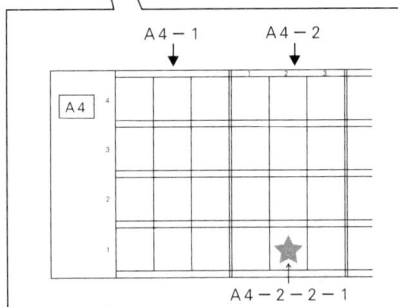

A 4 − 1   A 4 − 2

A 4

A 4 − 2 − 2 − 1

零件与地址编号——对应是不可或缺的条件

第 6 章

✣

零部件加工（冲压/注塑/实装等）的生产方式——后工序拉动

本章的内容

在本章中要讲冲床、注塑机、实装机等零部件的加工工序，生产不同品种时切换时间较长的生产方式。

这样的零部件加工设备都是高价设备，所以在很多地方为了提高稼动率，采用与后工序没有联动的加工方式。例如，组装工序在很大范围推进了单元化和混合生产等先进生产方式，同时可以生产出多种产品。但零部件加工是 24 小时开机，与组装之间存在稼动差。为了消除零部件加工工序的切换损失，只能实施 1 天 1 次以下切换的大批量生产。在此基础上，只能在零部件加工和组装之间放置很多库存来进行生产。

要改变这样的思路，应该只保留较少的零部件完成品库存，零部件加工要像流水一样进行。本章讲的正是为此应该怎么做。

本章特别会提到关于昂贵设备怎样高效运行，缩短循环时间的方法，和为了减小批量缩短切换时间的方法，以及在必要的时间只生产必要数量的必要产品的后补充生产方式。

本章还会就丰田生产方式中具有代表性的 KANBAN 的种类和运营方式进行叙述。

与组装工序不同，对于用大量生产设备进行制造的零部件生产方式，希望大家明确怎样做能够减少库存，并保持高效运转。

6-1 // "停下来"的思想——周期时间和生产数

在第4章、第5章提到过，确定组装工序的周期时间是将1天的稼动时间除以必要数量计算出节拍时间，以这个节拍时间为周期进行生产。把这个思路直接套用在零部件加工上的话，会导致高价设备不能满负荷生产，为了减少库存而使设备稼动率低下是不合适的。

因此，为了让设备保持高稼动率的运转，可以把生产负荷集中到1台设备上，其余设备停止生产，这就是所谓"停下来"的思路。

因为经常切换模具，光切换就要花费很多时间。于是有些地方即使设备稼动率很低也不更换模具，没有库存了就安排生产。这样的思路是没有考虑"停下来"，一直保持不完全稼动的状态，这样会形成即使能减少固定资产也减少不了，能空出多余的面积也腾不出来的状态。以这样的状态持续运营的话，零部件加工车间会处于毫无紧张感、拖拖拉拉的生产状态。

下一节会介绍缩短生产循环时间的活动，使1台设备尽可能生产更多品种的零部件，多出来的设备就采取卖掉等措施以减少固定资产。

即使零部件生产部门也要坚持不过量生产的原则。只生产必要数量的产品，无论什么工序都是一样的。

总之，只生产必要数量的原则，不是说降低稼动率也没关系，而是该停的设备要停下来，安排生产的设备要努力提高稼动率，通过缩短品种短切换时间，来实施多品种少量的小批量生产。

生产线

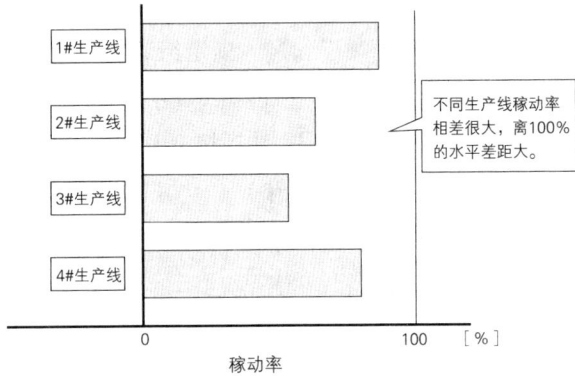

不同生产线稼动率相差很大，离100%的水平差距大。

0　　　　　　　　　　100　　［％］

稼动率

零部件生产工序并非按照节拍时间进行循环生产，那么这种情况如何提高设备的稼动率呢？

采用"分配停机"的思考方法

生产线

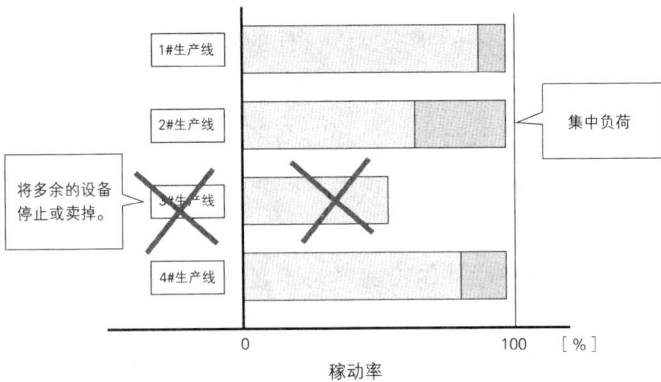

将多余的设备停止或卖掉。

集中负荷

0　　　　　　　　　　100　　［％］

稼动率

停止稼动率低的3#生产线，尽量将其工作分配给其他机台。此例中将3#线的工作分配给其他三个机台，从而让3#线停机。

6-2 // 缩短生产循环时间的考虑方法

对于冲压和注塑等设备，如果把实际运行的单个生产循环流程图画出来，很多情况下循环时间都还存在很大幅度的改善空间。

设备厂家和模具厂家因为必须对机械和模具的动作负责，所以在设备和模具的动作方面，往往会把安全放在最优先考虑的位置。生产现场通过自己的实力，反复测试、对错误进行改善的话，循环时间缩短三到五成是完全有可能的。持续开展这样的活动，可以达到比其他公司做得更好的目的。

这里介绍一下缩短循环时间的事例。

首先，分析现状。详细调查设备的每一个动作，动作时间以 0.×× 秒这样的形式详细记录下来。以我的经验，设备制造厂家由于考虑安全性，到了限位后，确认还会留 0.1 秒的待机时间，然后才进入下一个动作。光对这些 0.×× 秒的改善，累积起来也可以达成 1—2 秒的缩短。

更有效的办法是采取并行动作。当然可能会伴随一些安全的风险，请大家注意。下面介绍一个缩短注塑循环时间的事例。注塑是按射出→冷却→计量→开模→产品顶出→取出产品→合模→射出这样循环往复。其中，取出产品的动作的流程图如下页图所示。以前确认开模完成后，取出产品的机械手才开始进入。可以让取出产品的机械手在开模过程中就开始动作。加上其他一些改善，光取出动作的时间就可以大幅度缩短。

总之，不是 1 个动作结束了才开始下 1 个动作，而是让下 1 个动作在前 1 个动作进行中就开始，进行这样的并行作业改善，对缩短周期时间是非常有效的。

缩短周期

◎改善前（现状分析）

<设备加工周期图>

（工作）	
开模	
进入	各个动作结束开始时间
前进	六点三秒
检查	
后退	
搬出	
合模	

←———— 1个循环的时间 ————→

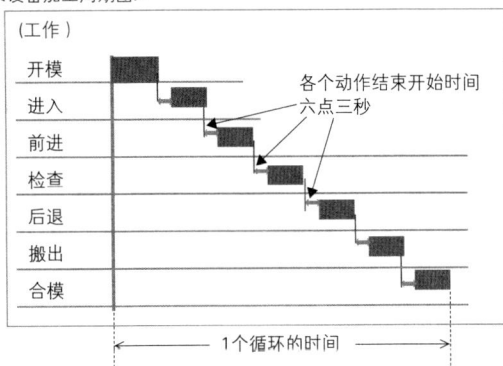

・消除停顿
・改善并列作业

◎改善后

<设备加工周期图>

（工作）	
开模	
进入	
前进	并行动作
检查	
后退	
搬出	
合模	

←— 1个循环的时间 —→ 缩短5
成左右

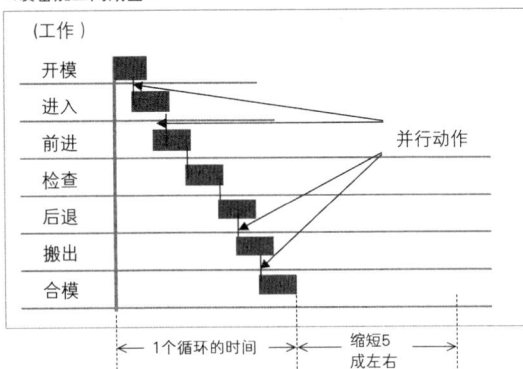

从1个动作的中途就开始下一个动作，让其并行
处理，以自己的责任和实力导入。

6-3 // 零部件加工车间的人工效率

由于在零部件加工车间的人员的作业不是周期性作业，所以有很多地方没有做到人员动作的高效化，人员配置是有余裕的。这里讲一下在这样的情况下如何改善。下面是提高人员效率的一般步骤。

①通过录像等方式观察作业员整个上班时间内的动作。

②把该作业员的动作按检查作业、切换作业等周期性的作业，和处置设备故障停机等非周期性的作业分类。

③周期性的作业，使用组装作业改善中实施的标准作业组合票，对动作进行消除浪费的改善。一般情况下品种切换等作业，通过使用标准作业组合票改善，可以缩短近 30%—50% 的时间。

④非周期性的作业，想办法改善成周期性作业。例如，把处理设备的小停机变成实行日常保养等可以周期性安排的工作。

⑤尽量减少像这样的非周期性作业。

⑥非周期性的作业比例降低的话，就可以有计划地安排出勤时间内的工作。

⑦能按计划实施工作的话，就能够使人的工作饱和度达到100%，人的动作也能向更有效率的方向改善。

即使是零部件加工部门，也要实施上述内容来追求人员的高效化。以我的经验，提升 20%—30% 的效率是完全可以做到的。

1. 用录像分析作业者的动作，对其工作进行分类。

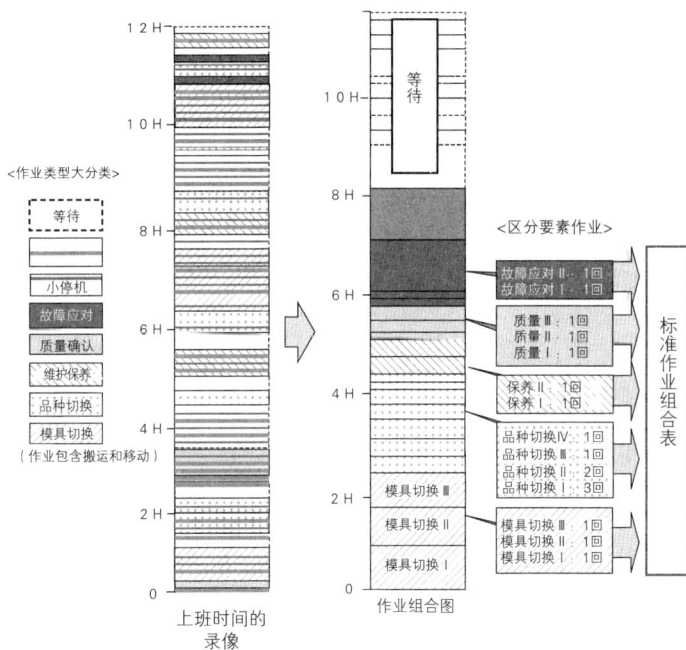

<作业类型大分类>

- 等待
- 小停机
- 故障应对
- 质量确认
- 维护保养
- 品种切换
- 模具切换

（作业包含搬运和移动）

上班时间的
录像

等待

<区分要素作业>

- 故障应对 II：1回
  故障应对 I：1回
- 质量 III：1回
  质量 II：1回
  质量 I：1回
- 保养 II：1回
  保养 I：1回
- 品种切换 IV：1回
  品种切换 III：1回
  品种切换 II：2回
  品种切换 I：3回
- 模具切换 III：1回
  模具切换 II：1回
  模具切换 I：1回

模具切换 III
模具切换 II
模具切换 I

作业组合图

标准作业组合表

2. 对反复循环的工作用作业组合表进行改善，对不是反复循环的作业
   向反复循环的方向进行改善。

使人的作业能够按照计划执行、推动工作量
100%满负荷、提高效率。

6-4 // 切换时间和生产批量

在一般情况下切换时间都被认为是浪费的时间，应该消除切换时间。为了达到这个目的，减少切换次数是最简单易行的方法，于是采取大批量的生产。其结果是导致库存增多，甚至为此搭建了大规模的立体仓库。

确实，切换的行为本身并不是产生附加价值的工作，但通过实施频繁切换减小生产批量，可以减少保管场地和发生不合格时返工追查的工时。而且减少库存有改善现金流的效果。

因此，不是简单地减少切换的次数，而要把每次切换的时间缩短，使得切换的次数能多起来，减小生产批量才是最重要的。

以前，有人问我"工作时间内，在切换上花费多少时间比较好？"这样的问题。我的回答是，根据事业的规模和事业部的思路不同有所不同，如果按丰田生产方式的目标来说，要以没有库存的优良现金流的经营状态为目标，注塑和冲压工序的切换时间希望能占到工作时间的一到两成。

生产批量越小越好，切换时间越短越好，以库存保持在1日的量以下，甚至4小时的量以下为目标，来推进缩短切换时间。

缩小生产批量的效果，是带来库存数量的同比减少，由此工厂的经营状况也会大有改观。

◎1天切换1次的情况

· 生产3个品种，每日的生产量相同

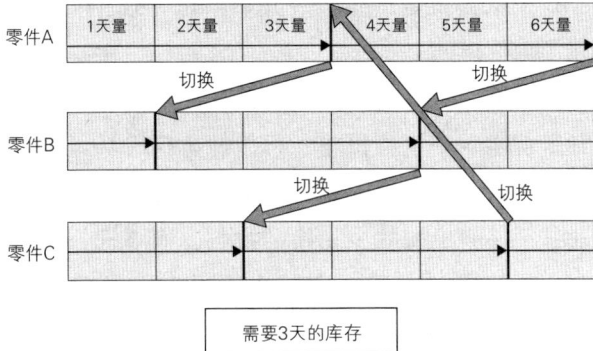

| 零件A | 1天量 | 2天量 | 3天量 | 4天量 | 5天量 | 6天量 |

切换　　　　　　　　切换

零件B

切换　　　　　　　　切换

零件C

需要3天的库存

◎1天切换3次的情况

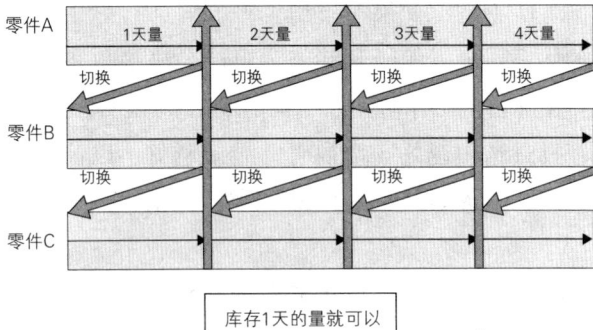

| 零件A | 1天量 | 2天量 | 3天量 | 4天量 |

切换　　切换　　切换　　切换

零件B

切换　　切换　　切换　　切换

零件C

库存1天的量就可以

通过缩短单次切换时间增加切换次数，缩小生产的批量来削减库存。

140

6-5 // 短缩品种切换时间

本节介绍如何缩短切换时间。

首先是推进切换工作提前准备（外切换），然后进入本体作业（内切换）。做得不太好的现场，甚至连工具准备都不做就进入内切换，停机后才开始找工具。内切换的外准备化是很有必要的。

然后，实施多人参与的缩短切换时间的现场观察会。对于改善观察会中发现的问题，再次实施观察会。接着，以切换速度快的人员（小组）为对象绘制标准作业组合表。其中，通过调整作业顺序使得步行距离减少、重新规划 2 人以上工作时各自分担的作业内容、使用简单的专用工具或者专用螺母等办法来实现缩短时间。

另一个关键点是要消除调整。比起切换作业本身的时间，很多时候是在调整上花费了更多的时间。

常见情况是，由于模具的厚度不统一，每次切换时都要调整设备的合模高度，要开始加工了才调整好合模高度。针对这样的情况，应该统一模具的厚度从而消除调整合模高度。

拿一个以前经常看到的事例来说，由于冲压机工作台面的平行度不好，留取了过大导柱间隙，在安装模具后再对定模和动模进行精调。针对这种情况要充分做好设备保养，统一模具的规格，来避免调整作业，这样对缩短切换时间会有很大帮助。

然后要考虑作业安全性，以及事前设定加工工艺等。

如果要更进一步缩短切换时间，也需要对设备进行改善。

缩短切换时间

外准备　（=能在不停机的状态下进行的切换工作）

决定可以提前准备的事情

> 尽可能将设备停下来做的切换工作（内准备）转变成外
> 准备的工作，是改善的要点

内准备　（=在设备停止的状态下做的切换工作）

是外准备化改善后开展的活动

- 切换时间缩短的观察会
- 将切换很快的人（团队）的工作制作成标准作业组合票、寻找改善机会

去"调整"化

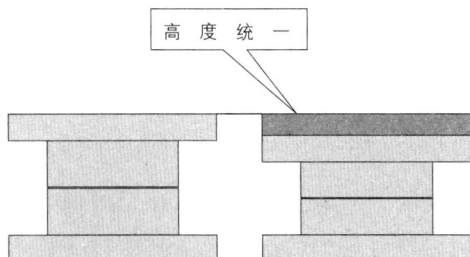

高　度　统　一

每次切换花大量的时间来调整的情况是非常普遍的。通过厚度、高度、
平行度等的统一化管理，而不再需要调整。

6-6 // 品种切换之后的质量问题

想要把冲压注塑等工序的切换做得更好，避免品种切换后出现的质量不合格品也是必不可少的。在冲压和注塑等零部件加工部门中，每当切换品种，首件的质量都不安定，要进行反复调试，从而产生很多的报废品。很多人会解释说切换后紧接着的不合格品是不可避免的，无法去除，对这些不合格品不进行统计的情况也很多。如果有这样的想法，就不太会往"切换之后马上就可以生产出合格品"的方向努力。甚至有的现场会为了做出合格的产品，制定"每当切换就扔掉 10 件"这一类标准，常年这样运行而不提出任何疑问。

消除切换后紧接着的不合格品的活动，可能在技术上有些难度，但如果能从之前扔掉 10 件改善到减半，效果也是很大的。这样，批量减少到原来一半的话，总生产量中切换不合格品的比例也不会增加。

当然，必须更加努力直到切换不合格品为 0 为止。

为此，除了采用一些科学手法，如果没有上层和下属的频繁沟通，产生一种全员一起努力来消除不合格品氛围的话，这个活动是持续不下去的。

培养出努力实现了切换时不合格品为 0 的氛围，不仅会为公司积累更多知识和经验，也会为事业持续发展积蓄重要力量。

在丰田生产方式两大支柱 JIT 和自働化以外，支撑起现在的丰田的还有这种不屈不挠的文化，事业因此得到成长，造就了现在的丰田。

切换之后的质量

切换时

为了测试需要废弃10个零件

为切换不合格为0的目标贡献智慧！

真的需要这么做吗？

冲压机

不要把切换的不合格作为常识，要利用科学的方法、通过全体人员的努力，实现切换不合格为0的目标，这样的技巧和诀窍积累起来，将来会形成强大的实力。

◎切换不合格为0的科学方法的例子——为什么（FEM）分析

	合格品条件			
	设备	模具	条件	原料
泄漏量	没有泄漏	没有泄漏 ×	树脂温度低 ○	黏度高 ○
收缩量	油压	树脂量 ×	背压高	收缩率低 ○
固化压力	—	压力维持	回压少 ×	○
冷却方法	冷却水量	冷却平衡	冷却水温低 △	固化温度高 ○
预热方法	加热器容量	预热时间最短	预热温度低 △	○
水分量	干燥后水分 △	产品重量	干燥温度	
吸湿量	材料保管	—	—	吸湿成分少 △
供料量	供料装置	—	—	—
挥发成分			树脂温度低	没有挥发成分 △
流动平衡	树脂温度偏差 ×	合流时没有空洞 △	注射速度低 △	流动性偏差 △
PL	锁模力低 △	没有PL污染 △	注射速度低 △	—
空气		有排气槽	模具温差小 ○	—

144

6-7 // 库存和后工序拉动

减少库存对改善现金流是十分有效的。

当今这个变种变量的时代里，减少库存有效的方式是只生产顾客（后工序）买走的量。

在此说明其中的一个方法：后补充生产方式。请参照下页图并阅读下面的内容。

①仓库中保有少量的库存，顾客（后工序）从这里均衡地取走需要的数量。

②这样仓库里的库存就相应减少，如果不进行生产来补充，就会导致没有产品而无法满足顾客了。

③根据剩余的库存量和生产提前期反推，决定产品开始生产的时间点和生产批量，一到这个时间点就开始生产。

④产品生产完成后就收入仓库，保持原来的库存量。

这样循环往复，切实保证只生产卖掉的量，消除呆滞库存。库存量也有可能随着制造实力的提升减少到1—2小时的量。

仓库中的库存就像水库的功能，可以缓冲客户的需求变动，对现场来说能起到平稳地抑制变动的作用。如果不能把获取的信息时刻传达到现场，而是停滞信息，每次都像开闸放水一样的话，生产现场就会混乱，或者不得不保有过剩的生产能力，被迫成为高成本的制造现场。

如果能实行这个管理机制，生产管理不用指示在何时生产多少个、什么品种的产品，也能实现库存稳定的运营管理。

库存的后工序领取

・大的变动每月有两周，通常领取不做平准化，无法实现这个机制。
・多次领取的话，波动就会很小，很容易平准化。

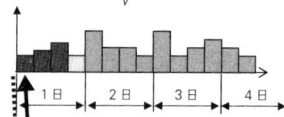

①客户的领取量（4次/天）

1天4次等间隔领取，数量会有一定波动

1日　2日　3日　4日

领取看板

③已出货的信息（看板张数）

生产批量

1日　2日　3日　4日

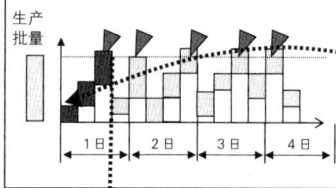

②库存量（仓库）

初始库存

1日　2日　3日　4日

库存量的变化

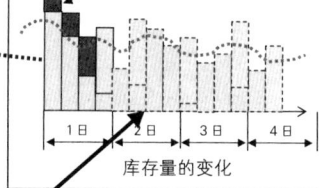

就投入生产　形成一定的批量后

生产看板

④生　产

产品A

1日　2日　3日　4日

t

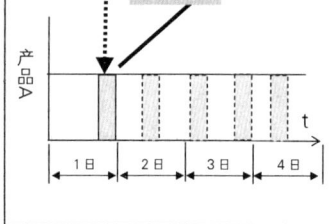

生产并补充

在库存用完之前补充

6-8 // 排队成批生产和成组化生产

在上一节中所说的方式是使物流和信息流保持一致，把各种规格不同的产品，按照卖出的顺序，排队生产的方法。决定好产品组合，按这个组合的顺序变动每个品种的数量来组织生产的方式称为成组化生产。

排队生产是按照顾客拉动、很小批量地生产，库存能压缩到最小限度。但是，要有无论何时都能立刻生产各种产品的体制，与成组生产相比，对生产制造的实力要求更高。

成组化生产因为生产的顺序已经决定好了，很多工作可以事先准备。例如，冲压工序等的切换中，下一个产品要用的模具可以事先准备好。

如果不断推进缩短停线切换时间，品种切换在 2—3 分钟内就能完成，但其前准备工作往往需要花费近 30 分钟。甚至如冲压这样的工序，有 1 秒钟能生产数个产品的能力，批量小的话生产时间也会很短，但前准备时间反而更长。

为此，在决定了生产顺序的情况下，自然而然产生了缩短前准备时间的想法。这就是成组化生产方式的特点。

排队生产可以减少产品库存，但会出现新的课题，要求现场对产生的新课题进行改善。

而成组生产为了减少前准备时间，减少了生产的批量数，因此会生产更多的库存和浪费。

所以，希望大家以排队生产为主来组织生产。

后补充生产和组合生产

◎后补充生产

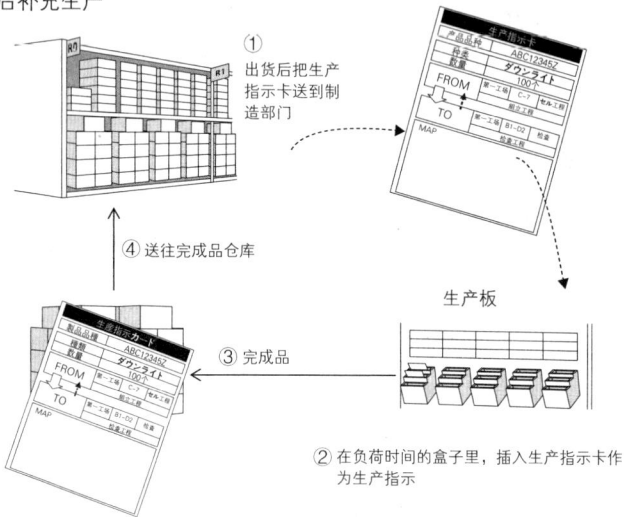

① 出货后把生产指示卡送到制造部门

④ 送往完成品仓库

③ 完成品

生产板

② 在负荷时间的盒子里,插入生产指示卡作为生产指示

◎组合生产

组合生产表

BTR3 生产线 内部公示组合表

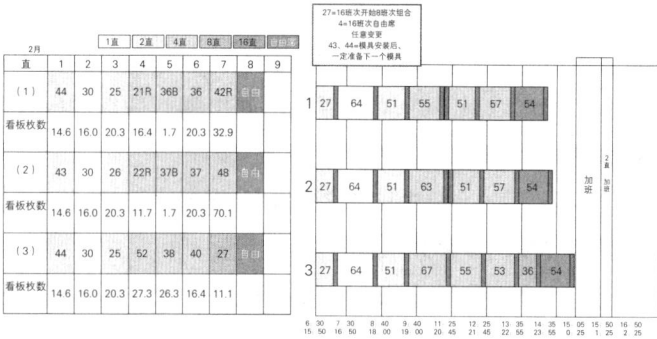

148

6-9 // 利用 KANBAN 进行生产指示

KANBAN 中又分"领取 KANBAN"和"生产指示 KAN-BAN"。

领取 KANBAN 用于车间之间、生产线之间零件材料的移动，生产指示 KANBAN 用于生产线内部指示生产和表示产品。下面是整体的流程：

①配置在零件材料上的工序间 KANBAN，生产线的作业员使用之前将其取下来放到"看板收集盒"中。

②零件材料的搬运作业员到了规定的时间，从"看板收集盒"中取回 KANBAN。

③拿着取回的 KANBAN 到前工序去领取零件材料。

④零件材料上的生产指示 KANBAN 和领取 KANBAN 一致的话，就可以确定没有拿错。然后把零件材料的生产指示 KANBAN 取下来，换成领取 KANBAN。

⑤把生产指示 KANBAN 放到"看板收集盒"中，把配置了领取 KANBAN 的零件材料送到生产线边。

⑥前车间、前工序的人员每过几分钟回收生产指示 KANBAN，然后把规定数量的 KANBAN 放到"批量形成盒"里面（关于"批量形成盒"的内容请参考6-10节）。

⑦批次形成盒中存放了规定数量的 KANBAN 时，把这些 KANBAN 转移到生产指示板上来确定生产。

⑧生产就按照确定的顺序来实施，做好的产品附上相应的领取 KANBAN，然后放到放置场所。

循环往复以上过程，形成了前工序、后工序的信息的流动和物品的流动，生产也按照指示执行。

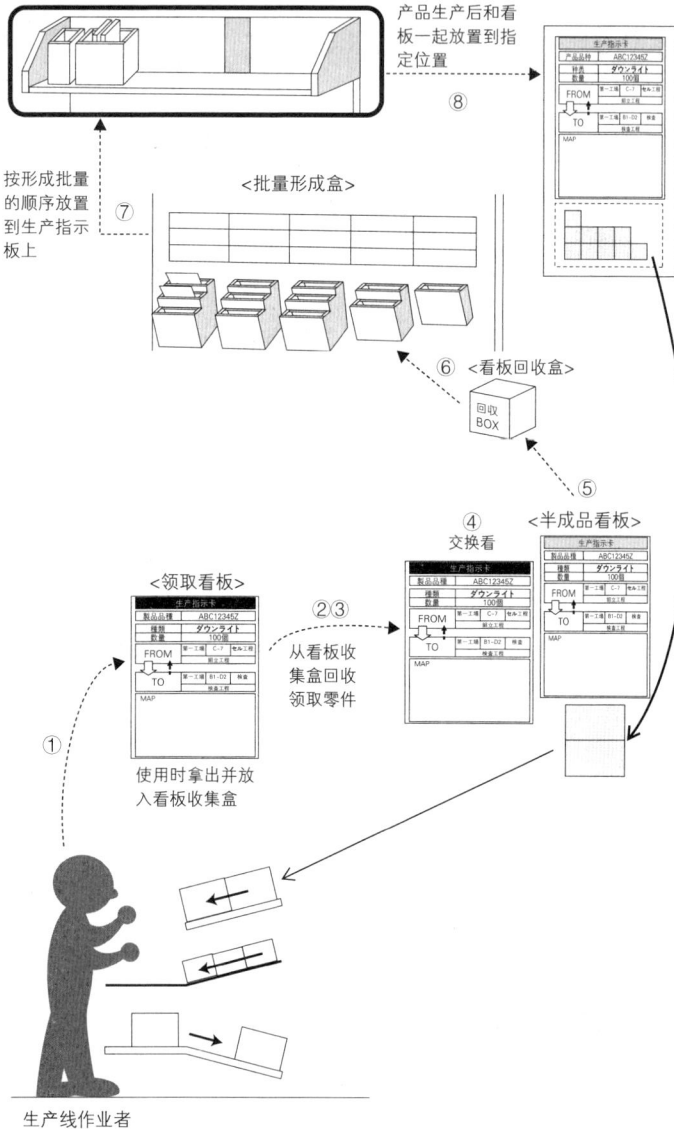

通过看板指示生产

产品生产后和看板一起放置到指定位置

⑧

按形成批量的顺序放置到生产指示板上

⑦

<批量形成盒>

⑥ <看板回收盒>

回收BOX

⑤

④ 交换看

<半成品看板>

②③ 从看板收集盒回收领取零件

<领取看板>

①

使用时拿出并放入看板收集盒

生产线作业者

6-10 // 通过 KANBAN 均衡化

在 6-9 节中提到了"批量形成盒"，在这节中我们详细讲一下。

客户需求的变化、生产线的浮动，KANBAN 回收的时机，零件材料的领取时机等，很多原因都会导致 KANBAN 数量的变化。

这个变化照原样体现在生产指示中的话，生产指示的波动就会很大，会导致生产不能高效进行。下面就介绍一下吸收这个波动的均衡化方法，即对制造现场下达生产指示的管理机制。

开动脑筋的话有各种各样的做法，这里假设是在比较单纯的批量生产车间进行排队生产的情况。

如第 152 页图中所示，在上方写上该生产线产出的零件名，纵向排列放入"KANBAN"盒子。

使用方法是，将被取走的零件的生产指示 KANBAN 收回后，按照从上往下的顺序放入其中。所有 KANBAN 都放进去（此时已经形成了生产的批次），等待移到生产指示的位置开始生产。生产的话就按照放入生产指示位的顺序进行。

在这里要注意的事项是，如果不是以小间隔回收 KANBAN，因为形成批次的零件有很多种，就不知道按哪个顺序生产了，处理不好会发生断货，导致顾客等待。所以必须短时间间隔回收 KANBAN，确切地决定生产顺序。

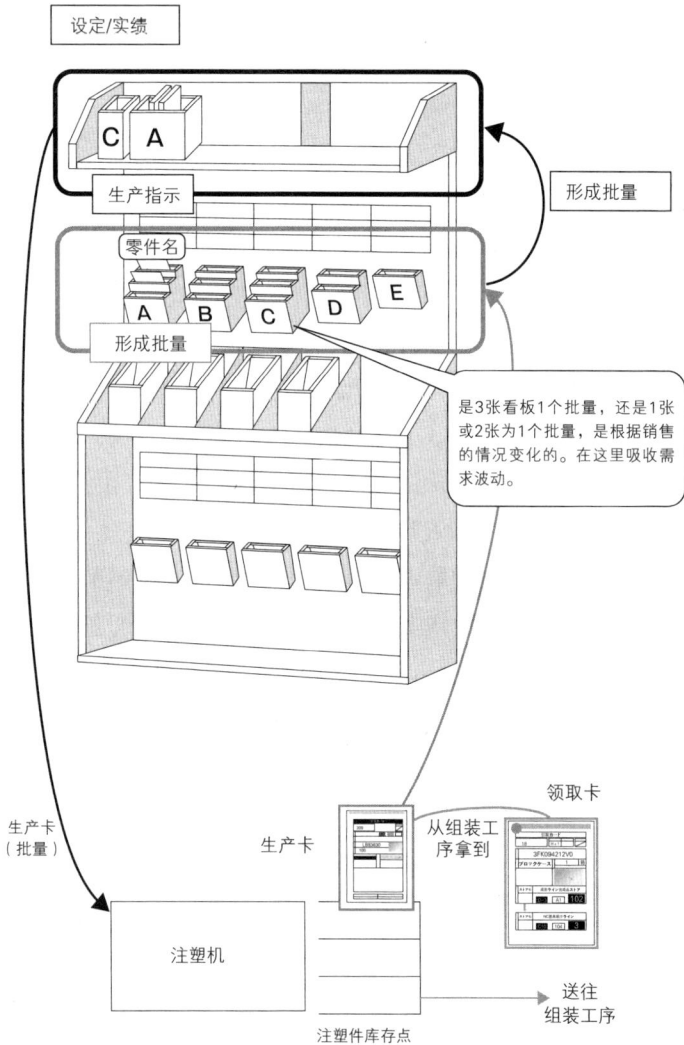

通过看板平准化

设定/实绩

C A

生产指示

形成批量

零件名

A B C D E

形成批量

是3张看板1个批量，还是1张或2张为1个批量，是根据销售的情况变化的。在这里吸收需求波动。

领取卡

生产卡
（批量）

生产卡

从组装工序拿到

3FK094212V0

注塑机

送往
组装工序

注塑件库存点

6-11 // 通过 KANBAN 控制库存

单单只是想减少库存的话，减少 KANBAN 数量就可以了。根据零件刚被领走后剩余的量，就可以知道最少库存量是多少了。如果觉得最少库存量还是比较多，减少几张 KANBAN 也立刻能判断出来。但是，对于利用 KANBAN 进行生产的人来说，并不知道有多少个 KANBAN 才是合适的。

首先，确定领取 KANBAN 数量的方法，是用生产计划中 1 天的生产数量除以每天平均被拿取的次数所得的值为基础。考虑到搬运时间的波动，+α 个 KANBAN 的数量。然后在实际运用中一点一点地微调。

其次，生产指示 KANBAN 的张数，根据每天的生产数和切换时间的实力，以及该生产线产出零件的种类来决定。

现在正在生产的零件完成以后，到下一个应该生产的合格零件产出为止（＝品种切换时间）需要 5 分钟。全部零件切换过来，需要 5×零件种数 30（假设有 30 种），花费 150 分钟。1 天的工作时间都不到 400 分钟，要花费 150 分钟来切换实在是不妥，必要的生产数量都得不到保证。

在保证必要生产数量的前提下，为使切换时间控制在比较合适的比例范围内（＝10%—20%），决定同一品种生产多少时间比较合适。400×0.2≈80 分钟，150÷80 的话约需要两天。

再次验证这两天内能否生产出必要的数量，如果能确保，按两天的批量执行就可以了。在现实中，30 种的必要数量不尽相同，计算起来也更复杂，但基本思路是不变的。

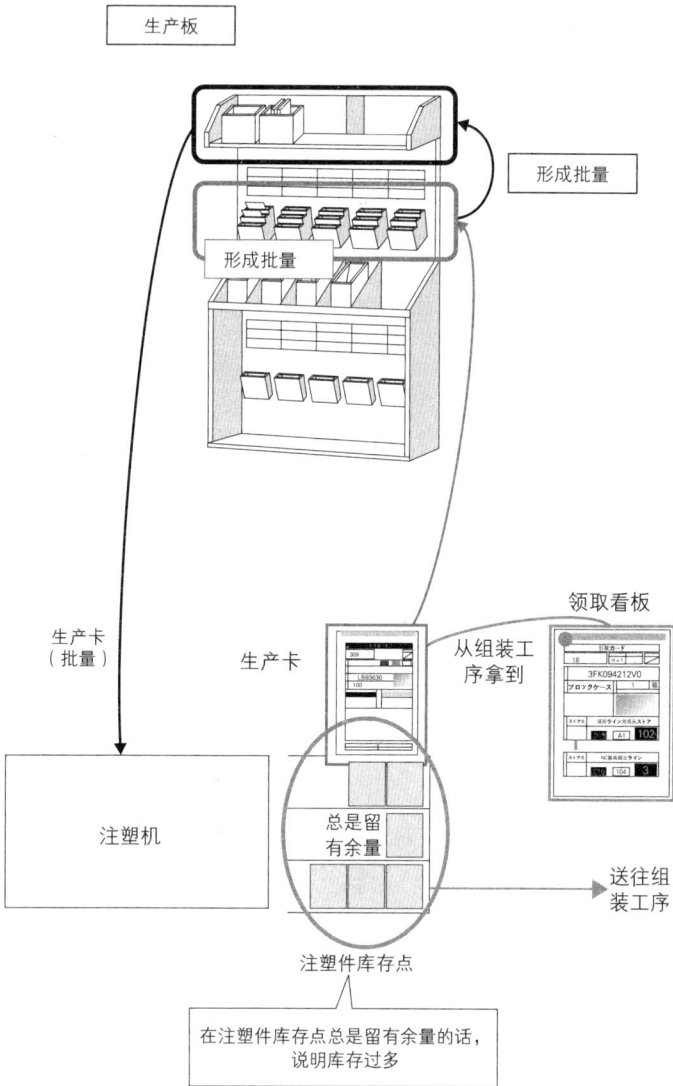

通过看板控制库存

生产板

形成批量

形成批量

生产卡
（批量）

生产卡

领取看板

从组装工
序拿到

注塑机

总是留
有余量

送往组
装工序

注塑件库存点

在注塑件库存点总是留有余量的话，
说明库存过多

154

6-12 // 减少零部件生产的不合格——不合格品信息尽快反馈

尽快反馈不合格品的信息，并找出真因、采取对策，对消除不合格品来说是最重要的内容。

下面介绍一个在转塔式实装机上实现单个 PPM 的部门事例。

这个部门的领导曾经询问我：我们实施了各种各样的活动，还是很难实现单个 PPM，应该怎么办呢？我观察生产线后发现，自动检查机判定有不合格时排出零件的位置，放了两个不合格品。于是我就问"为什么放着两个不合格品呢？"也就是说当有一个不合格品发生时要立即分析原因。我提出这样的意见后就回去了，其后，他们给了我如下回复。

要出现 1 个不合格品就去处置的话，人员必须动作迅速，这样可能压力比较大。但是，当每出现 1 个不合格品就去处理后发现，不合格品是两个连续发生的。把连续发生两个不良品改善到每次只产生 1 个，就实现了单个 PPM。

这个事例中讲的是不合格品库存的问题，特别是组装工序中判定不合格的情况，很多时候是由于零部件加工工序的问题，而零部件库存很多的话，发生不合格品时要寻求真因就会很困难。最不好的情况，整个批次都不得不全部作为废品处理掉。为了避免发生这样的状况，在零部件生产过程中就保证质量非常重要。

保有 1 周以上的库存，要追查不合格品发生时的状况都回忆不起来了，所以不可能彻底消除根本原因，只能花费高成本追加检查项目来应对。

减少库存，当发生不合格品时快速处理，质量不合格就可以减少到一半甚至十分之一。

减少零部件生产中的不合格品

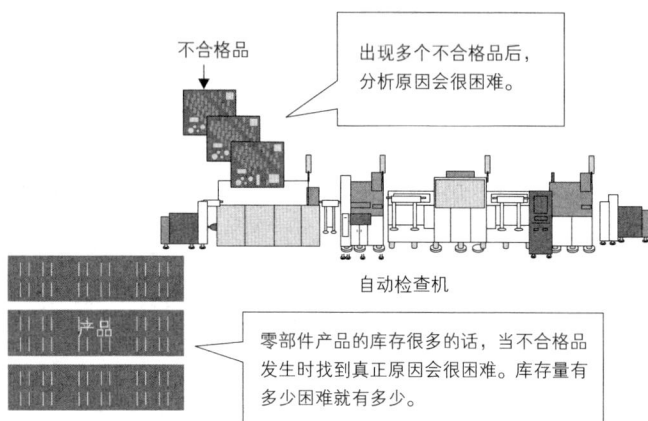

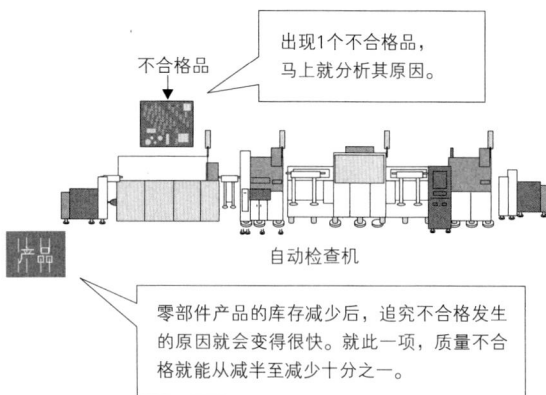

不合格品

出现多个不合格品后，分析原因会很困难。

自动检查机

产品

零部件产品的库存很多的话，当不合格品发生时找到真正原因会很困难。库存量有多少困难就有多少。

不合格品

出现1个不合格品，马上就分析其原因。

自动检查机

产品

零部件产品的库存减少后，追究不合格发生的原因就会变得很快。就此一项，质量不合格就能从减半至减少十分之一。

第 7 章

✣

自働化和自动化
——让质量被生产出来

本章的内容

在本章给大家介绍一下丰田生产方式两大支柱之一的自働化。

在第1章也提到过，这个自働化有两层意思。

一是不制造不合格品，也就是"质量在过程中被生产出来"的意思。最差也要做到不合格品发生的时候立刻停止，修复后再考虑下次不会产生不合格的管理办法。

在大野先生的时代，自动设备即使做出了不合格品还会继续运转下去，他看到这个现象，把自动设备称为"不合格制作机"。

不制造不合格品的思想包含在只有手工作业的生产线，如果发生不合格品不停线，仍然继续生产的状态称为"没有做到自动化"。

另一层含义是大家经常讲的，即把人的作业用设备代替的意思。详细介绍请见本章第3—4节讲的内容，这个自动化中也有两层意思。

一个是指导入使作业人员的工作变轻松的省力化设备。虽然导入了自动设备，但离不开人，而是使作业人员增加了很多等待的时间。大野先生非常不喜欢这样的自动化。

另一种是，真正能够省去人员的自动化。

自働化包含让质量被生产出来和省人化两层意思，本章将详细讨论这两方面的内容。

7-1 // 可以停止的环境和设备

我看到在很多生产现场，作业员为了不让生产线停下来就不停地拼命工作。有时会出现即使少装一个零件，也要让产品流到下道工序的情况。

作业中的作业员才是最了解是否发生失误的人。明明老实报告"刚刚有个失误或者失败"就可以避免制造出不合格品，但因为没有停止的手段，或者营造了"停下来是罪恶"的文化，于是就算发生不合格品也不停下来，继续让其流到下道工序。

在丰田汽车公司，特意把"自动化"加上人字偏旁变为"自働化"，就是为了表达发生不合格品立刻当场停止，不让不合格品流到下道工序去的意思。

不仅设备如果发生不合格要立刻停机，在人工作业为主的生产线，作业员发现自己发生失误，而且这个失误可能会引起不合格时，也要停下来修理或者呼叫线长来进行指导。总之，要给作业员停止生产的权力。

更重要的是作业员要具备自己判断工作是否正确的能力。做到这一点的基础是标准作业。拥有要点完备的作业要领书，而且遵守，变得尤为重要。

如7-6节中所述，理想状态是不制造出不合格品，而是生产制造中要实现不制造出不合格品的自働化，这不是简简单单就能做到的。但至少要为不连续生产不合格品的目标，在自働设备上下各种各样的功夫。例如，钻床每次测量开孔用的钻头长度，当钻头变短到不能打出规定深度的孔时，立刻阻止将刚刚加工的零件流到下道工序。让自动设备判定自己生产出来的产品是否合格。

可以停下来的环境

停线用的拉绳

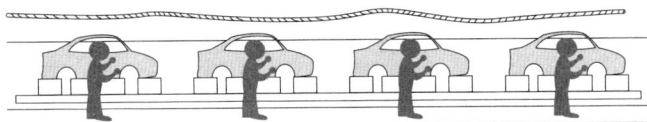

为了使作业人员发生差错和失误时马上能停止生产线，在其头顶停线用的拉绳上下功夫。

质量意识也发生变化

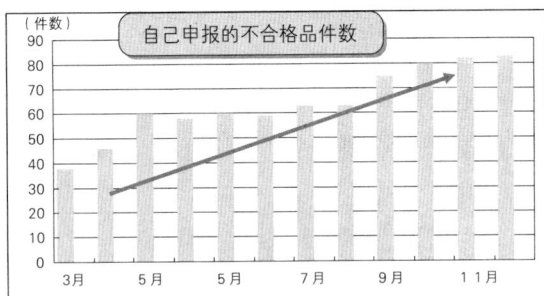

（件数）

自己申报的不合格品件数

90
80
70
60
50
40
30
20
10
0

3月　　5月　　5月　　7月　　9月　　11月

作业者能自己判断是否发生差错，为了养成自己停止生产线的氛围，通过使用图表对申报数进行公示，进一步加强意识。

7-2 // 停留在省力化的自动化

在推进自动化时，要让设备像人一样做出复杂的动作是十分困难的，往往只是对 1 个或几个单纯的要素作业推进自动化。

比如手工作业时，镶入显示面板和锁螺丝的工作，1 个工序就能简单完成。但如果用自动化，安放显示面板、锁螺丝要分开，变成 2 个工序分别推进自动化。这样工序之间也一定要设计自动搬运设备进行产品输送。因此，就要花费与安放显示面板和锁螺丝这些有附加价值工序的设备差不多的费用，来安装搬运设备。这样做如果削减了人员，还多少有些安慰，但往往会出现锁螺丝工序实现自动化了，安放显示面板仍需要人员来完成的情况。甚至为了引进自动锁螺丝设备，作业员被夹在设备与设备之间（在孤岛上），其他工作也做不了。这样就使得为了导入自动锁螺丝设备，原来的生产线变得更差了。

要规避这样的问题，设计才是源头。也就是说，如果不设计成容易组装的产品，很难实现省人化的自働化。比如把产品设计成在基准零件上安零件材料，最后紧固螺丝就能完成生产的话，推进自动化就会变得简单。

下面是推进自动化时要注意的几个要点。

·不形成作业孤岛。

·配置成步行距离少到即使一个人也能轻松运转的布局。

·通过在 1 个工序完成 2 个作业等方法整合工序，减少工序间搬运。

·设备不会持续制造不合格品。

·设备的宽度要尽可能小一些。

停留在省力化的自动化

◎ 不好的自动化事例

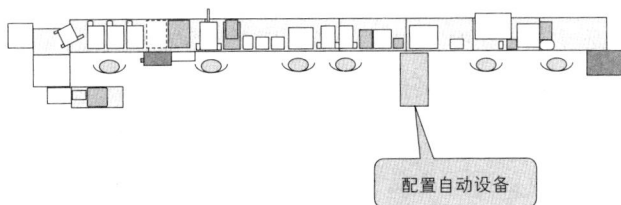

配置自动设备

因为作业者和作业者之间被自动机械分段，形成了分离小岛。无法平衡工序负荷，而慢慢变成不好的生产线。

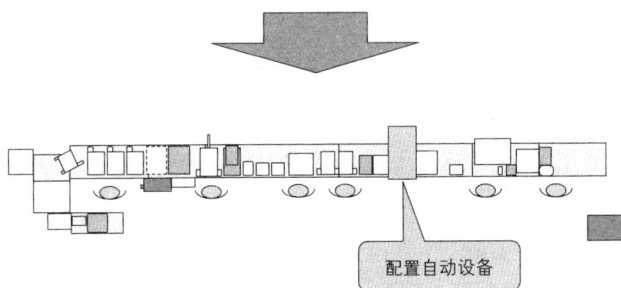

配置自动设备

〈自动化的要点〉

- · 不是为了省力化，而应把省人化作为前提;
- · 不增加工序，不增加搬送作业;
- · 不产生分离小岛;
- · 方便组装的设计;
- · 布置不需要很多步行的生产线;
- · 出现不合格就停机的设备;
- · 缩小设备间距。

7-3 // 和省人化关联的自动化——整个工序自动化

对零件材料的放置方式以及人的动作等进行改善，提高生产线编成效率的话，可以达到省人化的目的。但这些方法是有极限的。要更进一步推进省人化的话，就要考虑自动化。

在考虑自动化时，是否考虑实现无人化的自动化生产线呢？

又大又重的设备一旦安装完成后就很难变更布局。输送设备是否经常发生故障？会不会出现即使减少了人员，但因为设备完好率差而导致生产线成本上升呢？希望大家能思考一下这些问题。这样的省人化是没有意义的。

为此，首先要对人的作业进行彻底的分析和改善。在此基础上使整个工序实现自动化。

其次，把从前人工作业时分两个工序的作业改善为 1 个工序就能做出来，努力减少自动化之后的工序数量。

最后，要尽量使设备与设备之间的库存保持在 1 个以下。

抛弃以往那种动作单一、实现快速大量生产的生产线，即使速度慢一点也没关系，要以构筑在 1 个工序中完成多个作业、库存少的自动化生产线为目标，打造能够对应变化的自动化生产线。

这样的自动化生产线，不仅削减人员的效果会更大，也会使库存更少。此时往往处在自动设备和人员混编的状态，要注意采用宽度（横向）小的自动设备，使人员的移动和产品的移动都保持在较少的水平。

此外，大家应该对经济效果较大的工序，或者自动设备能带来更高质量水平的工序，优先考虑推进自働化。

与省力化关联的自动化

〈改善前〉

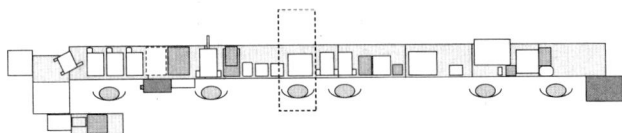

〈改善后〉

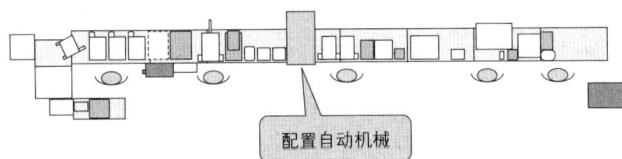

配置自动机械

配置后也很容易变化布局

不能出现人员减少反而成本增加的情况

改善并减少工程数，推进自动化

与自动机器之间的半成品库存保持在 1 个以下

选用间距（横向）小的自动机器

从效果大于费用的工序开始推进自动化

从高质量工序开始推进自动化

7-4 // 生产出不良品就会停止的自働化

丰田生产方式的基本是 JIT 和自动化两大支柱。这里讲一讲包含了自働化思想的自动设备。

这个自働化的思想，是从丰田佐吉翁发明的纵线断线时纺织机就自动停机，从而不制造不合格品发展而来的。

例如，使用自动设备在引擎的缸体上开孔的工序，运用自働化的思想的话，是每次测量开孔钻头的长度，钻头折断则判定已经出现了不合格品，从而停止生产线。

通过发现一旦出现什么现象就会出现产品不合格，监控这个现象，就能防止生产大量不合格品。

不是通过检查来判断质量的好坏，而是让自动设备附带判断质量的功能，成为自働化设备。没有判断合格和不合格功能的自动设备，在丰田公司被称为不合格品制造机，是不会被采用的。

最近的自动设备上，设备厂商装上了各种各样的传感器，会发出各种各样的警报。但如果只是觉得"又报警了"，单纯地复原机器后继续生产的话，报警就没有意义了。

报警停机后，分析报警内容，通过改善使其不再发生，才能战胜其他公司。

常常能见到在自动化生产线的最后，设置检查设备并带有停止生产线功能的情况，这与自働化思想还是多少有些偏离的。从理想状态来说的话，最终的目标应该是即便没有最后检查设备也能确实生产出合格品的自働化生产线。也就是说，一边生产一边逐个判断合格、不合格，出现不合格的话就立刻停止设备，这样的思路才能在工序中确保质量。

生产出不合格品就停机

◎自动机器的等级

A等级

> 不生产不合格品的自动机器
> 理想中的设备

B等级

> 自动化的机器自己能判断是否生产了
> 不合格品
>
> ⬇
>
> 一旦生产出不合格品就停机

C等级

> 合格品还是不合格品的判断，由其
> 他检测装置完成

D等级

> 没有能力区分合格还是不合格品
> 依靠人来判断

7-5 // 人工作业的自働化

如同 7-4 节中提到的，自动化是在工序中判定是否合格，不合格的话就不流到下道工序。这个思想不仅可以应用于自働设备生产线，人工作业的生产线也可以应用，在判定不合格品出现时停止生产线，这就是对人工作业的自働化。因此，并非自働化=无人化。

我说明一下为什么当作业员制造了不合格品，判定出有不合格，或者发现不合格时要能做到停下生产线。

可能有人会说，如果这样做生产线经常停止，产量也会大幅度减少，要使这样的自働化生产线运营起来，前提条件是对于每个作业员的动作都要进行细致的"标准化"。

作业员自己判断是否遵循着既定的标准进行作业，没有做到的时候就立即停止生产线。

生产制造应该是在一定周期中运转的，因此在标准作业中应该加入时间这个要素。也就是说，作业员如果在一定的时间内没有完成既定的标准作业，就要停止生产线并呼叫上司。被呼叫的上司应立刻赶到作业员所在位置，了解情况并进行修正，或帮助作业员完成工作，使生产恢复到正常状态。

判断作业员是否根据确定了的标准进行作业，没做到的时候停止生产线。

制造应是在一定周期中运转的，所以应该在标准作业中加入时间的因素。也就是说，要建立通过判断作业员是否在一定时间内，按照标准作业完成来确定生产线停止、呼叫上司的管理机制。被呼叫的上司也要立刻赶到作业员所在位置，了解情况并进行小的修正，帮助作业员把生产恢复到正常状态。

标准作业的顺序和时间成为停止生产线的判断基准。当然，是否停止生产线是作业员自己决定的，作业员的前辈或者上司是达到不停线目标背后的支持者。

如果遵照标准作业的要领书工作，就可以制造出合格品。所以，表示标准作业的作业要领书是制造良品的关键所在。

人的作业自働化

自働化≠无人化

人的作业自働化的条件①

标准作业制作得非常精细

人的作业自働化的条件②

在一定时间内没有完成标准作业的时候，
作业者能够停止生产线

①一定时间内
没有完成标准
作业

②停止生
产线

③呼叫上司来
对应

7-6 // 不生产不合格品的自働化——虚拟制造

这节中讲一讲虚拟制造。

半导体和液晶等成套产品，根据设备生产参数不同，质量会受到影响。所谓虚拟制造，不只是单个设备，而是通过细致地控制前工序的运转状况持续制造合格品的思路。

由于半导体和液晶等的制造过程涉及非常细致且复杂的工序，其制造方法也不是凭借我们人类的眼睛监控就能操控的，因此，以前的控制方法是，在生产设备上安装能显示温度、湿度、压力等的监控传感器，对各传感器都设定各自的管理区间，以控制设备在固定范围内进行生产。但是，对于错综复杂情况多的生产过程和工艺，不能通过各自独立地控制，就得到100%的合格品。

此时，若能将多个工序中各种各样的工艺条件之间错综复杂的关系用一个公式表现出来，理论上就可以预测根据这样的过程条件生产出来的产品质量如何。这就是被称为虚拟制造的生产过程预测控制方法。

但是，即便拥有如此革命性的控制方法，如果后面会讲到的设备的安定化（将设备维护保养的方法和管理方法标准化，实现波动很小的维护保养）做不好，也不会出现预想的结果，一切只是纸上谈兵罢了。

不生产不合格品的自働化设备

◎VM=虚拟机

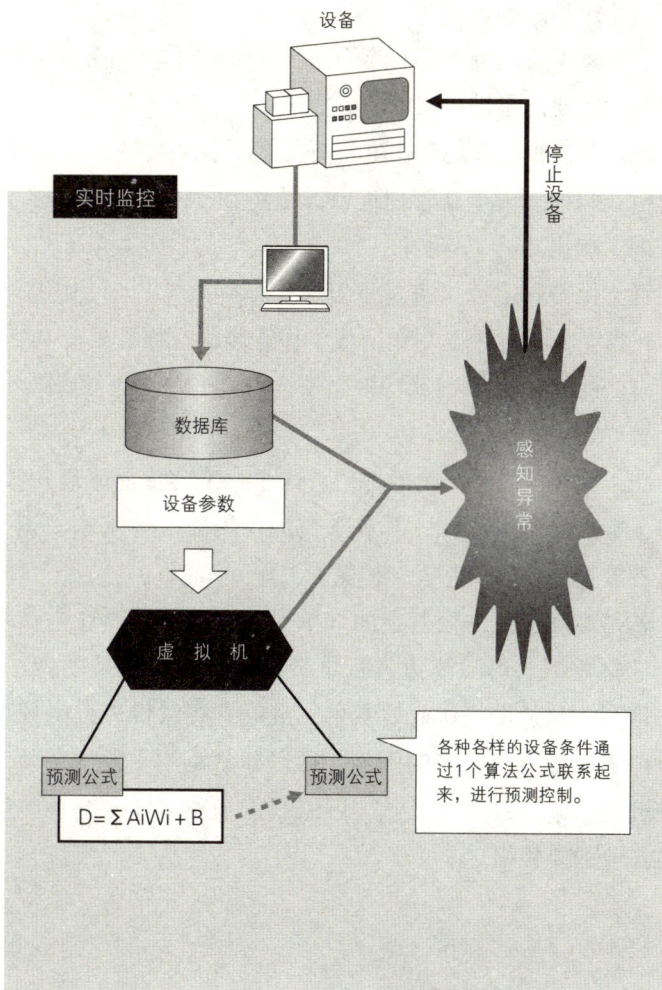

设备

停止设备

实时监控

数据库

设备参数

感知异常

虚拟机

预测公式

预测公式

$$D = \Sigma\, AiWi + B$$

各种各样的设备条件通过1个算法公式联系起来，进行预测控制。

7-7 // 设备与人的标准化

说到标准化，大多数的人脑中浮现的都是组装工序等重复作业制造产品的场景。

在依靠设备制造产品的领域中，与组装作业等重复作业标准化同样重要的是维护保养的标准化。

把设备维护保养的工作进行分类的话，主要分为日常保养、定期检查两种。关于其管理运营方法将在7-8节中说明，这里讲一讲标准化。

日常保养和定期检查是重复作业，标准化起来是比较容易的。在这个标准化中要制作记载了作业步骤、作业要点和理由，以及时间的作业要领书。特别是安全和质量相关，必须确切地写上其要点。

在人员频繁发生更换的部门，这个标准化更能体现其作用。掌握了标准阅读方法、夹具和工具的使用方法等基本知识，就能够看着作业要领书完成维护保养工作。

若是难度很高、很复杂的维护保养工作，需要在电脑内输入标准化数据，边阅读边进行维护保养。此时有效的做法是，制作带照片和录像的作业要领书。最近有些软件可以实现点击相应位置就会出现对应的画面，可以即刻调用重要的画面。通过充分运用这些最新的工具，可以制作细致且非常容易使用的标准作业的要领书。

设备保养和标准化

◎维护保养的标准化

【作业内容】 ◉视线 🏭 动作、动线		
STEP	1	2
作业要领事项（确认／注意／禁止）	维护保养过程中时，要把禁止操作设备的指示放在设备上。	穿护具。
要点	🏭	🏭
具体的作业	维护保养过程中时，要把禁止操作设备的指示放在设备上。	戴防护镜等。
图解或照片	维护保养中 禁止操作 / 维护保养指示牌	防护镜 / 防护服
时间（秒）	10	15

输入作业步骤、要点、理由、时间

（难度高、复杂的维护保养工作，需要使用电脑）

应用使用了照片和录像的标准化作业数据

7-8 // 设备的日常保养

在组织中是否存在我是使用者，你是维护者这样的想法？或者，有没有出现设备一直持续使用没时间做保养的情况？即使每天花 10 分钟也可以，应该对设备实施停机日常保养。

第 175 页图是为了实施日常保养，用于挂 KANBAN 的揭示板。下方，有 4 个放了 5 个 KANBAN 的盒子。上方打了从周一到周五可以挂 KANBAN 的钉子。4 个盒子中，有 3 个放的是写着本周应该实施的日常保养项目的 5 个 KANBAN。钉子上挂着翻过来的，以及还没翻面的 KANBAN。

生产线的作业员在结束工作后，拿取与当日一致的星期几的位置上挂着的 KANBAN，按照其标示的步骤实施日常保养。日常保养结束后把 KANBAN 翻过来挂回去。

日常保养是如果发现异常，填写规定的表单，放入实施日下方的某个盒子内。

上司可以通过 KANBAN 是否翻面来确认日常保养的完成情况。而且，可以通过放入盒子里的规定表单知道异常。然后，就可以向部下了解具体内容。

上司在每周一早上，将实施日常检查后翻了面的 KANBAN 收回来，放入空着的盒子，取出右侧的卡片，正面朝上挂到从周一到周五的钉子上。

周而复始开展这样的活动，可以让日常检查按计划落实。

而且，通过制作并运用与每个作业员日常检查的作业要领书一样的 KANBAN，使日常保养得到更大范围的推广。

设备的日常保养

日常保养的管理板

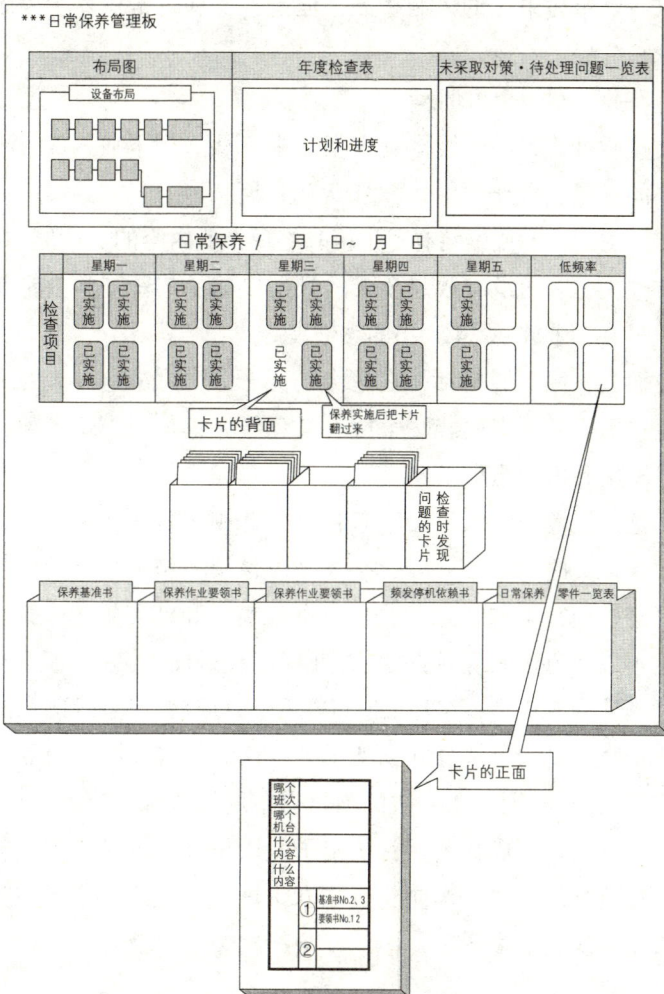

***日常保养管理板

布局图	年度检查表	未采取对策・待处理问题一览表
设备布局	计划和进度	

日常保养 / 月 日~ 月 日

检查项目	星期一	星期二	星期三	星期四	星期五	低频率
	已实施 已实施	已实施 已实施	已实施 已实施	已实施 已实施	已实施	
	已实施 已实施	已实施 已实施	已实施 已实施	已实施 已实施	已实施	

卡片的背面

保养实施后把卡片翻过来

检查时发现问题的卡片

保养基准书	保养作业要领书	保养作业要领书	频发停机依赖书	日常保养零件一览表

卡片的正面

哪个班次	
哪个机台	
什么内容	
什么内容	
①	基准书No.2、3 要领书No.1 2
②	

175

7-9 // 设备的定期保养

设备的定期保养要以周单位的日常保养为基础，向以月为单位、以年为单位的体制扩展，但是，要和日常保养中发现的问题结合起来实施。

在此介绍一个事例。

按照机器或生产线排列在架子上，从上到下放入 31 个 A4 大小的盒子。盒子边写上了 31 天的日期。

其中，有的放了装有写了检查修理作业内容的 A4 检查用表的文件夹，有的没有放。今天的日期以前的架子基本上都是空的，只有 1 个放了 A4 大小的文件夹。

而且，往下看的话，在较大的架子上放了很多 A4 的文件夹。再下面还并列放着 2 个放有红色纸张的架子。这个架子表示已实施和未实施。

这个红色的纸张上面写着日常保养中发现的不妥内容，然后放入未实施的格中，表示接下来应该要实施的项目。已实施是已经处理完了的意思。通过观察未实施和已实施的张数、变化，可以知道作业现场的委托事项是否在进展中。

其使用方法是，在月末把写着下个月应该实施项目的 A4 大小表单，以日为单位分配到架子上。这时候将一些写着 3 个月检查一次、6 个月检查一次的项目表单用其他颜色的 A4 纸等方法区分开来。完成检查后，从架子上取出来放到已检查的箱子里。用这样的方式以求防止遗忘和进度可视化。大家要在确保检查切实实施上多下功夫。

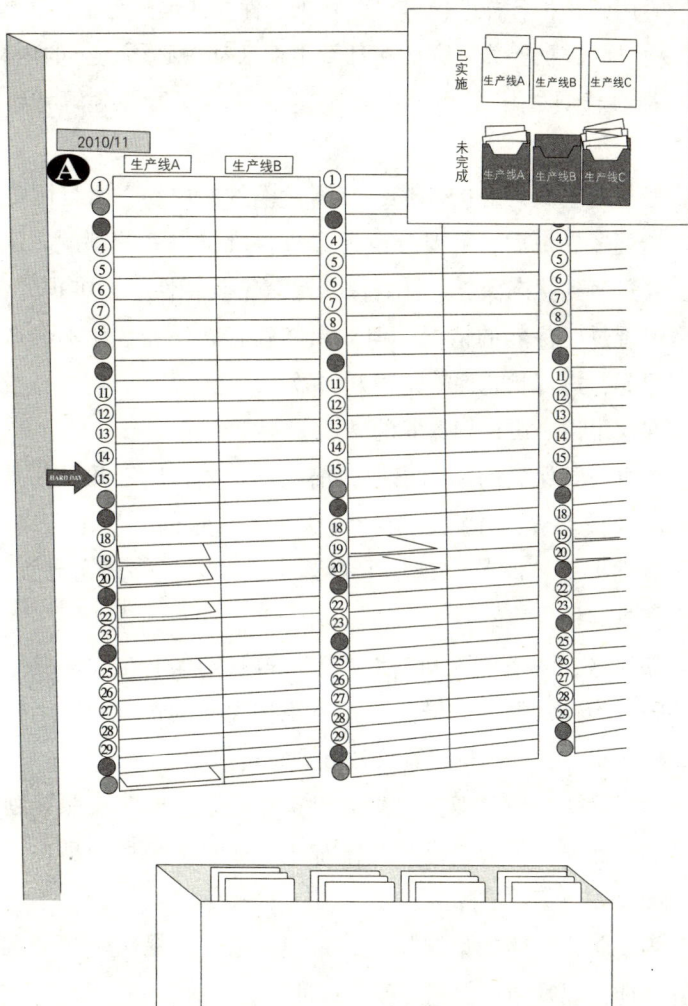

设备的定期保养

2010/11

生产线A　　生产线B

已实施　生产线A｜生产线B｜生产线C

未完成　生产线A｜生产线B｜生产线C

7-10 // 模具的保养

注塑模具、冲压模具、半导体的封装模具等，各种各样的工厂会用到各种各样的模具，无须维护保养的模具是不存在的。

模具的维护保养是穿插在日常生产活动中必须进行的内容。而且很多模具规定了在生产了一定数量的模后要分解开维护保养。

但在一些做得好的职场，会测量模具的震动，而且制定了震动达到多少量后，就要分解模具进行维护保养的制度。从计划保养过渡到状态保养。计划保养是基于其特性尽早维护保养，经常出现过度保养的情况。但如果实施状态保养，就不会造成过度保养，进行状态保养是很好的做法。

在这里讲一讲计划保养的做法。

负责模具保养的部门根据当前生产计划，确定几月几号需要实施维护保养，并把这个计划落实到一年的日历中。然后，到需要维护保养时就与现场取得紧密的联系，待其完成生产，腾出模具维护保养的时间。

如果这个联络不顺利，想要进行模具的保养也做不到。有的公司因为经常发生这样无法进行维护保养的情况，特别制定计划保养率这样的指标，开展按计划实行保养的活动。

对于设备和模具双方，最难以接受的是，即使按照计划进行了维护保养，不合格品还是增加了，或者维护保养后一段时间内频繁发生突发故障。

为了防止这样的情况发生，希望大家重视提高个人的维护保养技能，以及做到保养工作的标准化。

设定/实绩

◎保养计划表例

月度计划

注塑生产班

5月度 模具保养计划表														审核人	制表人

制表日
责任部门

模具名称	具体内容	日程计划										结果	预定（日）	实际（日）
		1	2	3	4	5		28	29	30	31			
1 弹簧盒 A	定期检查				←→			←→				4日已完成	15	10
2 外盖盒 C	定期检查					←→			←→				10	
3 模具 K	定期检查			←→					←→			12日已完成	16	9

第8章

✛

可　视　化

本章的内容

如果在日文字典中查"见（miru）"这个汉字，你会发现有以下"见、视、观、诊、看"多种解释。

①见，是指不刻意地想去看而看到。

②视，是指凝视某处而看到。

③观，是指仔细观察所看到。

④诊，是指看不见的地方通过辅助物品看到。

⑤看，是指饱含诚意地去看。

夸奖一个人"很善于观察"，从①的"见"到⑤的"看"，程度上要升级很多。

但在公司里，重要的是要让不想去看的人，或者看不到的状况都可以看得到。特别是，要追求凸显出不好的现象（问题、课题）以对其采取对策。在丰田中经常使用"可视化"。大野先生到现场去的话经常说"要让我能明白"。

沿着这个思路，对于如何把现场的课题和状况可视化出来，许许多多的人花费了很多心血。

当进行现场运营时，如果不发生问题和课题，就马马虎虎地留有余力地运营。例如保有过多的库存，有大的设备故障发生时也会解释说对后工序没有影响。明明生产停止了1天，为什么对后工序没有影响呢？不应该褒奖其没有造成严重后果，而应该对其提出不可思议的质疑。

8-1 // 无法判断是正常和异常

与"没有做到'可视化'"类似，在丰田的现场经常会听到"不知道是正常状态还是异常状态"。

制造现场发生的各种各样的状况都清楚明了的话，就会产生疑问、看到课题。实际上为了明确这些课题会花费很多精力和时间。

刚开始就对"不知道是正常状态还是异常状态"的现场提出"做到让人知道"的要求，听话方会因为不理解语言的含义，而无所适从。为了让第一次听到这个讲法的人也能理解，请用更加简单的表达，比如：如何做到在现场用眼睛看就能判断状态是正确的还是不对的，而不需要用语言解释？这样的状态放任下去可以吗？这样没有问题吗？如果看不见问题，现场就处于没有管理的状态。

因此，应该设定基准和标准，在现场明示出来，使得基准和标准是否得到遵守能够被看出来。

例如，如果零件没有任何标识地放在供料架上，就无法判断放置的量是合适的还是不合适的。此时，在供料架上标明零件的最大和最小量，一看就能知道是正常还是异常。

在物品放置的地方也能用这个思路考虑。通过 5S 活动确定物品放置的地方，进行区域划分，在画线以外错误的地方放了东西的话，就是异常，谁都能判断出来。

在现场整体都像这样进行"可视化"的话，谁都能判断正确与否，让全员朝着正确的方向努力。

无法区分正常·异常

■ 只有知道了不好的状况和变化后才会采取对策措施

·将正常、异常可视化

·将基准或标准可视化

（零件置场的正常、
异常可视化事例）

（工具箱的正常、
异常可视化事例）

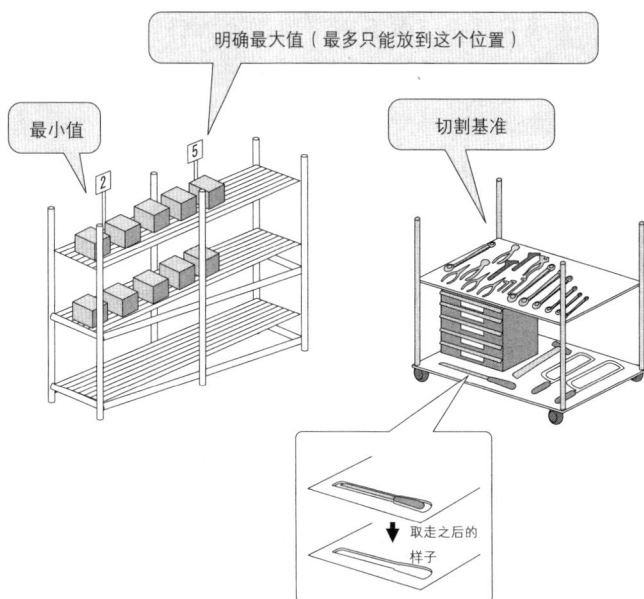

明确最大值（最多只能放到这个位置）

最小值

切割基准

5

2

取走之后的
样子

8-2 // 现场的可视化——人与安灯

我有时在现场看到有 3 个人在作业，指出多了 1 个人时，经常得到的回答是"有新人正在进行训练"。既然如此，就应该能让人一眼看出谁是指导者，谁是正在训练中的新人。有很多公司在帽子或者臂章上区分颜色来让人知道。管理更好的地方，每道工序都会对员工进行训练，然后认定是否能操作这个工序，对作业员是否取得了这道工序操作许可进行可视化管理。

这就是工作中的人的"可视化"。

同时，使用综合"ANDON"（安灯）将生产线整体运行情况可视化也是必不可少的。

举一个表示机械加工生产线稼动状况的事例。

在上方标明表示生产线整体的名字，生产线整体运行中的时候亮绿灯。生产线停止时绿灯熄灭，其下方标记很多工序名称的灯中，发生故障的工序亮起红灯。另外，虽然生产线在运转，但发生材料断货等非故障问题，需要人员前去处理时，这个工序的红灯会亮起并闪烁。一般在市面上买来的设备上都会安装状态指示灯，用来表示机器的开动状况，当机器比较少的时候看这个指示灯就可以了，但当机器很多的时候就不那么一目了然了，这时最好安装综合"ANDON"。

在灯的亮灯方式上下功夫的话，市面上的三色指示灯就可以表达出 27 种信息，实际上只需要亮灯和闪烁就完全够用了。作业员专注于面前的工作不容易注意到，所以亮灯的同时发出声音会更好。利用这个综合"ANDON"能让我们在发生故障时快速到达现场，尽早处置。

现场的可视化化（人员・安灯）

◎工作人员的可视化（用帽子区分）

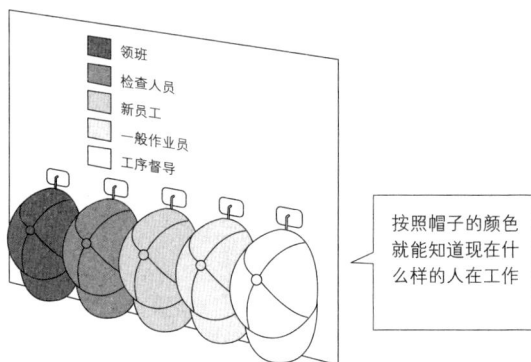

领班
检查人员
新员工
一般作业员
工序督导

> 按照帽子的颜色就能知道现在什么样的人在工作

◎生产线整体可视化（总安灯）

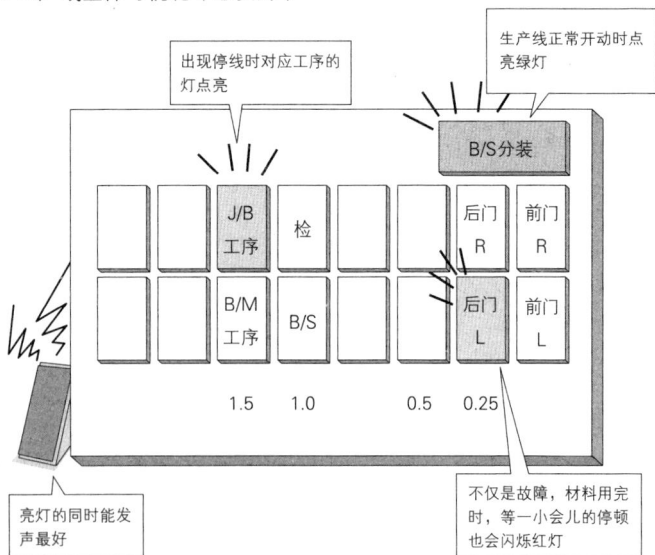

> 出现停线时对应工序的灯点亮

> 生产线正常开动时点亮绿灯

B/S分装

| | | J/B 工序 | 检 | | | 后门 R | 前门 R |
| | | B/M 工序 | B/S | | | 后门 L | 前门 L |

1.5   1.0   0.5   0.25

> 亮灯的同时能发声最好

> 不仅是故障，材料用完时，等一小会儿的停顿也会闪烁红灯

8-3 // 进度延迟的可视化——每个循环作业

工作进度管理对制造现场和间接部门都是非常适用、有效的手段。

每个循环作业的提前和延迟都可以通过节拍器表示出来。所以，本节将详细地介绍一些节拍器的应用案例。

对传送带上一边移动产品、一边进行加工的情况，其移动的速度本身已经起到了节拍器的作用。但在这个传送过程中如果没有明确作业员的工作范围，就不具备节拍器的功能了。如果发生作业失误或者不合格品，作业员可以自己停止生产线，当然生产线停线的位置要相对固定下来。对于传送带生产来说，设置停下来的功能和规定工作完成范围的画线，才能称为带有节拍器的生产线。

还有一种节拍器，生产线搬送物品虽然是靠人来完成的，但每当节拍时间将到时，组装中的产品会被强制移动，也是含有节拍时间概念构建的生产线组织方式，适用于一些靠人手能推得动的产品。这样的装置不用在生产线的每个工序都安装，5—6个工序里有1个工序安装即可，是一种投资少，但很有效的强制节拍器方案。当然也要具备异常发生时能停下来和再启动的功能。

另外，还有通过光和声音等告知节拍时间的方法。这是提醒作业员要尽快完成作业，把产品送往下道工序的间接方法。如果作业员的节拍意识不强，会出现失误或者错过时机也置之不理、不重启节拍器往下做的风险，实际使用时要注意这样的情况。

进度和延误的可视化

◎各种各样的节拍器

位置标识节拍器

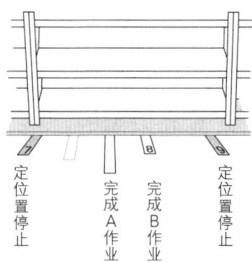

定位置停止　完成A作业　完成B作业　定位置停止

强制移动节拍器

按照一定间隔强制移动

灯光节拍器

声音节拍器

188

8-4 // 单位时间产量的可视化——生产管理板

第190页表格所示的是像组装生产线那样，以一定的周期时间进行生产的生产管理板。

首先，左边写上以1小时为单位的工作时间段，右侧写上按今天的节拍时间，每个时间段平均目标产出数量和累积产量目标。这里的目标生产数量是稼动时间除以实行节拍时间所得的数值。没有必要考虑不合格率和可动率等因素影响，而是写上过低的数值，填写100%开动时的数值。

其次，写上生产实绩。此时，不计算不合格品数量。只写单位时间以及累计时间合格品的生产完成个数。

再次，写上单位时间的计划数量与实绩数量的差。其右侧写上单位时间生产数量差距较大时发生了什么，以及其理由。标明是自己部门的责任还是其他部门的责任。最好能通过5Why分析找出真因并写上去。

最后，写上长期对策。

用这样的表单使个生产线单位或小组单位生产未达标的情况可视化，写在A3纸上，次日收纳到文件夹里，必要的时候可以拿出来查看。

把真因对策、由谁到什么时候实行等内容写在告示上，再将告示贴粘在生产线旁边。

批量生产的部门不要以时间为单位进行管理，而是以生产批次为单位，确定批量后，计算完成这个批次需要多少分钟，写上实际生产所用的时间，通过偏差来看生产顺利与否。其他部分都和循环作业的思路一样推进即可。

◎生产管理板

2006年2月15日（星期三）	
可动率	%
未达成	分
达成	分
计划停机	分
故障停机	分
作业延误	分
他责	分
累计停机	分

2月份
节拍时间 1′24″
计划数量 345台

时间段	计划数量（台）	实际数量（台）	与计划差（台）	差异原因	自责Or他责	自意停机（分）	停机累计（分）	每小时可动率	可动率累计	对策
8:00～9:00	42							%		
9:00～10:00	43	85						%	%	
10:10～11:00	35	120						%	%	
11:00～12:00	43	163						%	%	
13:00～14:00	42	206						%	%	
14:00～15:10	43	248						%	%	
15:15～16:00	43	291						%	%	
16:20～17:00	29	320						%	%	
加班	53	373						%	%	
0.25hr…11台 0.5hr…21台 0.75hr…31台 1.0hr…42台										

◎批量生产的生产管理板

生产管理板	月	日		本日生产组合○									
○○	日班	8:00	9:00	10:00	11:00	12:00	13:00	14:00		15:00	16:00	17:00	
	中班	17:00	18:00	19:00	20:00	21:00	22:00	23:00		24:00	1:00	2:00	
确定	型号	AB		BO	CD			KW	Free				
	看板张数	12		12	21			60					
实绩设定	型号	AB			BO	CD		Free					
	看板	12			12	21							
偏离计划原因													

型号	AB	BO	CD	CC	CC2	KW	E	H
设定/实绩	22 / 22	24 / 21	19 / 19	18 /	18 /	38 /	6 /	/
切换目标/实绩								
切换开始时间								
组装开始时间								
生产量								
累计								
损耗								
工序责任								
保养责任								
设计责任								
运用责任								
其他责任								

8-5 // 浪费的可视化——附加价值作业

用 IE 工具和角度对工作的细节进行分析时，一定要对该作业本身是不是必要的工作进行分析。

这个时候附加价值作业的分析思路是很有帮助的。也就是说，把一系列作业，以作业要素为单位进行分解时，比考虑如何改变这些作业的方法更加重要的是，判断这个作业是否给产品增加了附加价值。

明确了附加价值作业后，浪费的作业就更加明显了，从而可以消除这些作业。但是，出于公司的规定或者生产制造整体的效率考虑，有些没有附加价值的作业是必须做的，希望大家注意。

例如，在很短的时间间隔内搬运材料是没有附加价值的作业，但通过提高搬运工作频次，使生产线周边保持简洁的同时，生产线上的作业员也更能把精力集中在他们的工作上，有提升效率的好处。

浪费可视化的另一个方法是，把一系列动作整理成循环往复的动作。实施循环往复动作和没有实施循环往复动作的现场相比，浪费的比例差别很大。通过作业标准化把作业员工作的动作变成循环往复的动作，是浪费动作可视化的第一步。

在实施录像动作分析前，站在现场观察一下分析对象的作业是否是循环往复的动作，如果还不是，首先要找到原因，进行改善。

成为重复作业后，再对其拍摄录像，分析动作、找出动作中的浪费。越复杂的动作往往浪费越多，大家要仔细观察。

一般情况下作业的动作流畅，浪费也相对较少。

◎关注有附加价值的作业

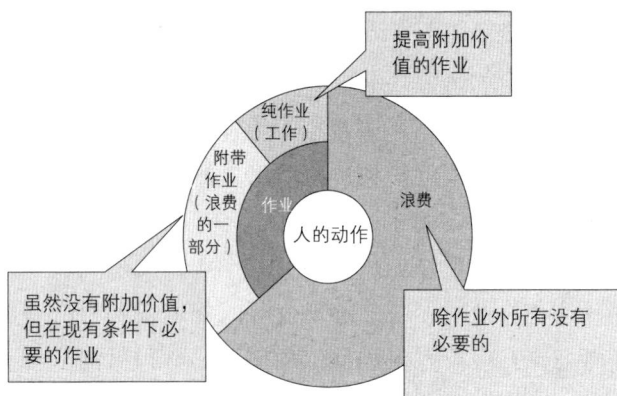

纯作业
（工作）

提高附加价值的作业

附带作业
（浪费的一部分）

作业

人的动作

浪费

虽然没有附加价值，但在现有条件下必要的作业

除作业外所有没有必要的

◎在标准作业组合表里标注有无附加价值的作业

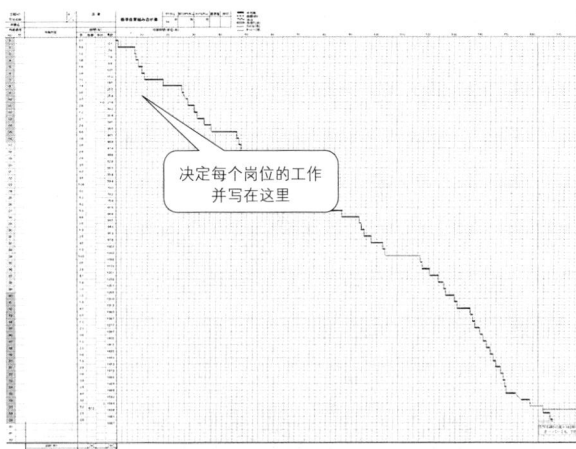

决定每个岗位的工作并写在这里

8-6 // 通过单件流实现可视化

单件流是指，在生产线中，作业员和作业员之间的半成品只有1件，做完1个后立刻传递到下道工序的生产方式。

如第194页图所示，以前的生产制造方法是作业员和作业员之间放了很多半成品库存。把这种生产制造方式变更为做完1个之后就传递到下道工序的单件流，会产生很大的改善效果。

具体的效果有：

A）生产线内的半成品库存减少，从而使制造提前期缩短。

B）作业员的等待很容易看出来，因此产生重新使生产线平衡的必要性。

C）其结果是，重新平衡作业，从而削减了人员。

D）对于生产数量的增减，可以变更投入的人数，成为保证人均生产效率的生产线。

……

所以产品1个1个地生产、1个1个地流往下道工序是基本。

下面是关于建立单件流生产线的建议：

1. 一开始使生产线和以前保持一样就可以了，工序间的库存设定为1个。

2. 为了让全员在一定的节奏下生产，设置节拍器，并要求所有工序根据节拍器的信号开始作业。

3. 这样就能明确出生产线不平衡的地方，马上进行改善。

当生产线平衡后，也就是编成效率达到90%以上的话，即使实施单件流作业员的等待较少，作业也会很有节奏性。

通过单件流可视化

◎一般的生产制造方法

一般的生产制造方法

◎单件流

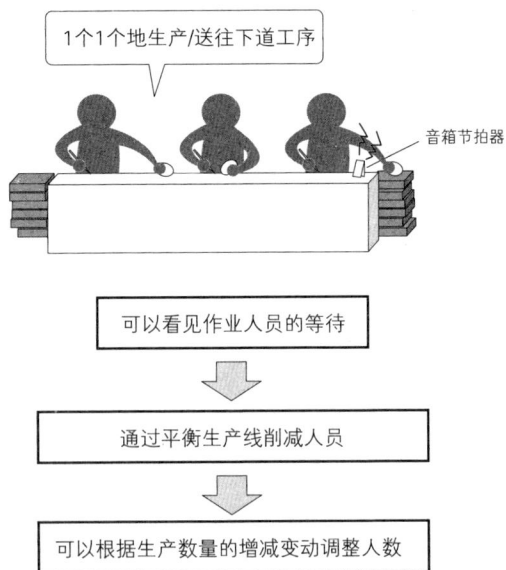

1个1个地生产/送往下道工序

音箱节拍器

可以看见作业人员的等待

通过平衡生产线削减人员

可以根据生产数量的增减变动调整人数

194

8-7 // 标准作业组合表与编成效率

标准作业组合表是实施单件流最有力的工具。如第 196 页图所示的例子。

关于这个表的绘制方法，最近市面上已有在电脑上简单完成制表的软件，大家拿来用即可。这节中讲一下绘制标准作业组合表的基本原则和标准作业组合表的使用方法。

①从上到下把作业步骤按照每个作业要素写下来。

②写入实行这个作业所花费的时间。

③把写下来的时间用相应长度的横线表示。

④如果到下一步作业之间发生步行的时间，写入步行时间。

⑤各工序之间以波浪线或者直线连接。

⑥不只对 1 个作业员，而是把全部作业员的作业内容连续画出来。

这样写下来，再查看各个作业员的作业时间的话，很容易看出来不平衡。

这样把各个作业员的工作量用柱状图表示出来，如第 196 页图所示的堆积表。然后，把工序间偏差的程度用图示公式算出来，最后得到的数值就是编成效率。

在标准作业组合表中一定要仔细分析的是作业之间的工作交接。如第 196 页图所示 4 个工序一起工作时，理想状态是在 4 等分处实施作业员交接，但因为分割线落在作业要素的正中，此时就要把作业要素再进一步细分，创造理想的交接点。

标准作业组合表和编成效率

◎标准作业组合表和编成效率

改善前　2人单元&3人单元　　　　　　　改善后　3人单元

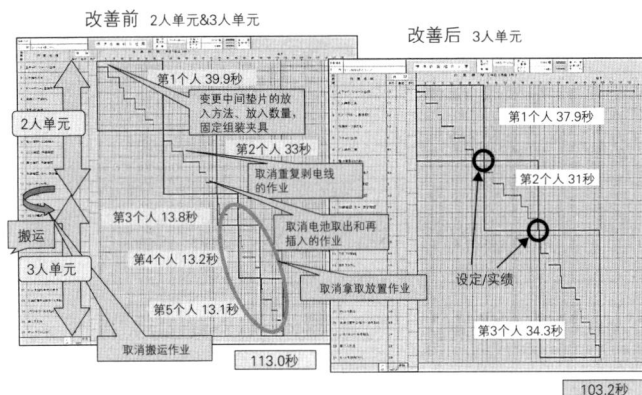

2人单元

搬运

3人单元

第1个人 39.9秒

变更中间垫片的放入方法、放入数量，固定组装夹具

第2个人 33秒

取消重复剥电线的作业

第3个人 13.8秒

第4个人 13.2秒

取消电池取出和再插入的作业

第5个人 13.1秒

取消拿取放置作业

取消搬运作业

113.0秒

第1个人 37.9秒

第2个人 31秒

设定/实绩

第3个人 34.3秒

103.2秒

◎编成效率

改善前　　　　　　　　　　　改善后（案）

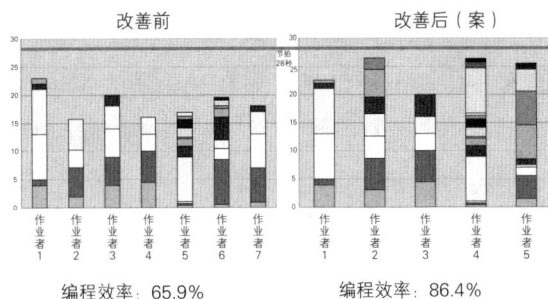

编程效率：65.9%　　　　　　编程效率：86.4%

$$编程效率 = \frac{作业者人数 - \Sigma \mid T.T. - C.T. \mid}{作业者人数} \times 100\%$$

8-8 // 库存的可视化

关于如何表示车间之间/生产线之间库存的方法已经讲过了，这节讲一讲生产线内的库存可视化。

采用"生产线手持率"指标，能帮助我们了解在组装生产线或加工生产线中有多少库存。

午休前或工作结束前，选取某一个时间点去调查生产线中的库存量。把这个量记为 X 个。然后，数一下生产线中正在产生附加价值的工序数。例如全部是人工作业的话就是作业员的人数。把这个数值记为 Z。

生产线的手持率就是用 $Y = X \div Z$ 的公式计算出来的值。在没有很多手持集中在某工序的情况下，最小值是 1。

全体没有浪费、整体有节奏感地作业的生产线，一般手持率在 1.3—1.5。

一开始生产线手持率的想法是以人员为主的组装工序来考虑的，仔细思考一下的话，机器为主的生产线也同样适用。

把这个生产线手持率的概念运用到设备加工生产线和设备组装生产线的话，为了搬送或转向而堆积了很多库存，为了让小停止发生时也不影响生产线运行而设置的库存等，工序间库存的情况就能一目了然。

为了降低生产线的手持率，实现没有浪费的制造，必须提高各台设备的可靠性，使其不会开开停停。

在工序间放置库存的话，很难培育出强大的生产制造实力。

◎生产线手持率

生产线手持率[Y]=半成品库存数[X个]÷作业者[Z人]

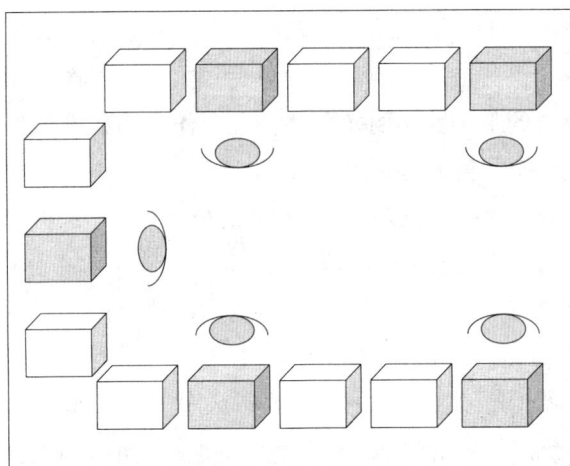

增加附加价值的工件
（机械正在加工的工序）

仅被搬动的工件
（搬送工序）

生产线手持率　　　13个÷5人=2.6

8-9 // 利用流动数图使投入和产出同步性的可视化和曼哈顿图的活用

第 200 页所示的是基本的流动数图表。

把库存量以日为单位用柱状图排列出来。把月初的库存量+生产数量作为起点的折线图，表示生产累计的数量。最下面的折线图表示产品的累计出货量。

这个图中，折线图的斜率都一致的话，说明做到了对于出货进行同期化的生产。

进而，从生产开始的折线图（上方的折线图）和出货的折线图（用虚线表示的折线）的间隔（A），用库存日数表示出来。

通过使用这个流动数图，就能很清楚地了解出货和生产的配合状况。

再多介绍一点。

用 Excel 的制表功能中，能作成曼哈顿图（三维柱状图）。大家可以使用这种柱状图来使库存变化情况可视化。

特别是对需要很多工序参与、生产周期很长的零部件生产部门，使用这个工具是非常有效的。

首先按生产工序顺序表示库存量，同时将其库存量每日的推移状况也在图表中表示出来，对于应该保有库存的地方，和不堆积库存而是立刻对流过来的产品的工序，都可以判断出来。这样就能确定符合实际情况的库存配置方案，建立起流畅的生产体制。

流动数图表

◎ 流动数图表

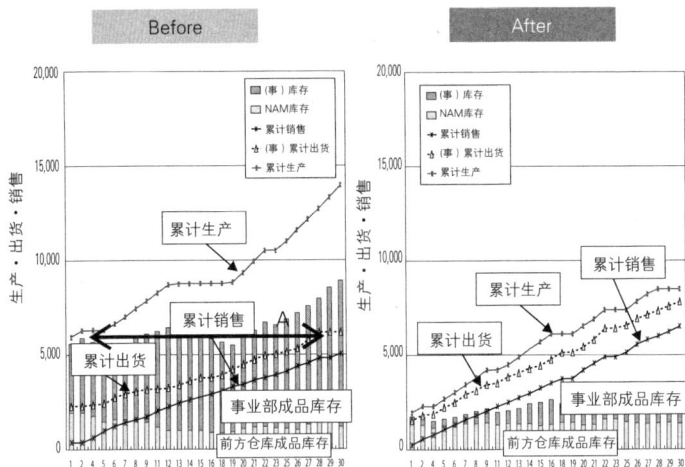

◎ 曼哈顿图

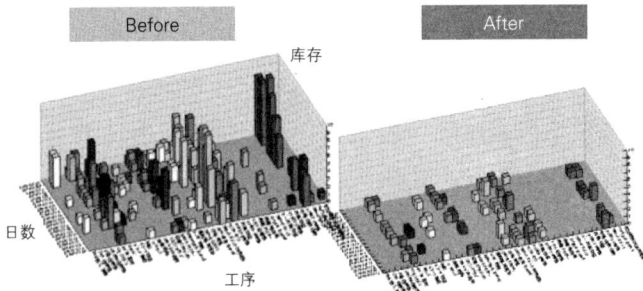

8-10 // 利用物流信息流图将课题可视化

俯瞰整体流程并整理出课题，经常使用的工具是"物流信息流图"。

本节讲一讲以库存为着眼点、简单易行的物流信息流图的绘制方法。

①调查工厂中存在的库存。查清楚在哪里有多少量的库存。

②调查这些库存是什么时候根据什么信息收入或生产的。此时，把每天会给出3天后的一整天的生产指示、每天搬运3趟的信息给出的时机，以及搬运的次数等也写上去。

③如果没有库存和设备故障等问题，前工序的东西一过来就上线生产，一直到出货为止花费多少小时完成（＝技术时间）也进行调查。

④对应③的时间，调查现状的生产提前期，以便认识到与技术时间之间的差距。

⑤对从销售处获得信息的流程进行明确。特别是关于信息，明确发出的时机和信息量是十分重要的。而且要调查清楚信息滞留的理由。

⑥生产提前期如果要接近技术时间的话，问题在哪里呢？把这些问题在爆炸形中记录下来。

⑦在其他表单上记录要解决这些课题，什么人到什么时候应该做些什么，然后去推进。

通过绘制物流信息流图，使各个部门同心协力，一起将课题明确化并推进课题的解决，才能取得很大的成果。制造与很多部门都息息相关，应由公司的最高责任人带头推进。

◎纵览事业全体的物流信息流的滞留

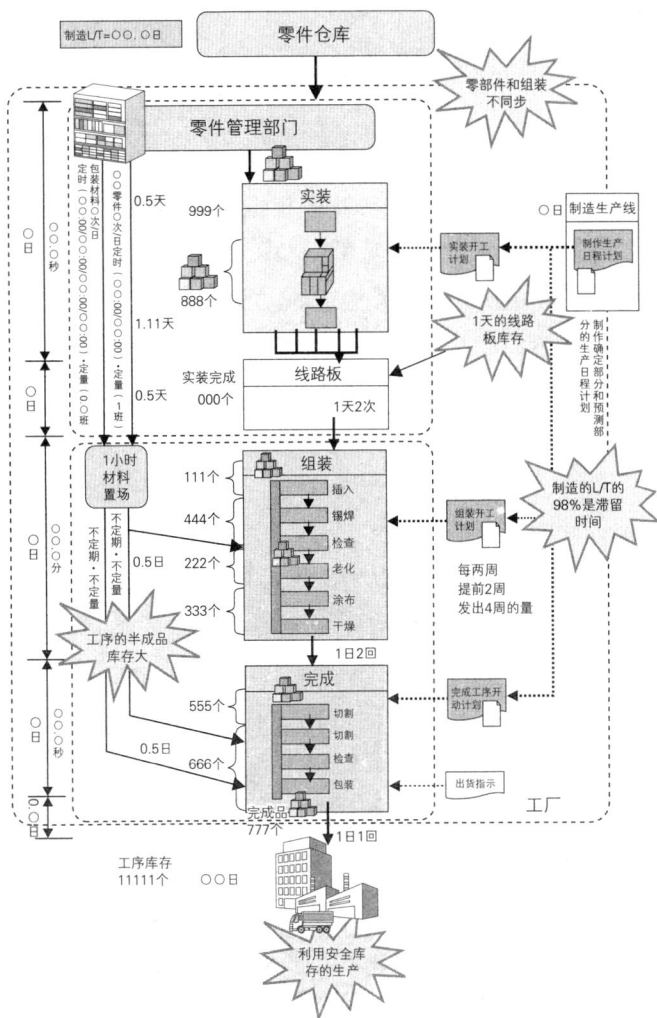

制造L/T=○○.○日

零件仓库

零部件和组装
不同步

零件管理部门

0.5天

实装

999个

888个

○○制造生产线

制作生产
日程计划

实装开工
计划

1.11天

1天的线路
板库存

制作确定部分
和预测部
分的生产
日程
计划

实装完成
000个

线路板

1天2次

1小时
材料
置场

111个

组装

插入

444个

锡焊

检查

222个

老化

0.5日

涂布

333个

干燥

制造的L/T的
98%是滞留
时间

组装开工
计划

每两周
提前2周
发出4周的量

不定期·不定量

不定时·不定量

工序的半成品
库存大

1日2回

完成

555个

切割

完成工序开
动计划

切割

0.5日

检查

666个

包装

出货指示

工厂

完成品
777个

1日1回

工序库存
11111个　○○日

利用安全库
存的生产

包装材料一○○次日
定时一○○.○○○○○日
定量（一○班）

○○零件一次/日定时（一○○.○○○○○○）定量（一班）

○○日
○○○○秒

○○日

○○日
○○○分

○○○日
○○○○秒

○○日

8-11 // 生产制造水平的可视化

在第 2 章提到过把制造水平分为 ABC 的表格，请各位读者借此看一下自己现场的水平。

这样的评估方法在各种各样的场合都在使用。但往往不能长期坚持，现实中常常随着强力推动力消失或人员的变化而出现衰退的情况。

我见过各种各样的评价表，而且很多地方长期坚持使用，在此我将其中要点介绍一下。

·如果最高层来评价，然后对做得不好的部门进行严厉的指导，是不能持久的。最高层只需要对达到最高水平后的状态，有一个明确的概念并发出指示就好了。

·应该是要本部门自我评估，在认识现状水平的基础上写下到达下个水平的自发性内容。

·评估项目有二三十个之多，以及一大堆评价表单，是没有任何意义的，会变成评估完就满足了，不会为了提升到下个水平多下功夫。而且，项目越多，越需要依靠专门的人实施评估。

·为了确定评估出来的水平，具体数值之间必须有明确的界限。横向比较是有困难的，因为制造现场千差万别，某些程度让评估者自己判断打分也是可以的。

·为了让各个部门的评价水平齐头并进，适当公开一些事例是比较有效的方法。

评估出来已经是最高水平的话，就去追加更高的评估项目，让活动永远都可以延续下去。

水平的可视化

水平检查表的制作方法

描述理想状态

现状作为1，理想设为3或者5，写出中间状态

描述现状、中间、理想状态

进行自我评估，写出向下一个台阶进步的事项

在做水平评估的同时，进行修正和介绍事例

要防止过多的评估项目

长期坚持使用自我评估工具

第 9 章

✛

管理指标

本章的内容

为了了解生产现场的实际状况，需要使用各种各样的管理指标。

在我走访现场时所看的管理指标，有时会使我产生"还能制定这样的指标"的感叹，有时也会产生"用这样的指标对现场进行评价真的好吗?"的疑问。

大家制定管理指标时，务必要遵守谁看了都能明白、能正确反映现场的状况、现场的员工们通过努力改善指标能向好的方向发展的原理和原则。一般来说每家公司都有自己特有的管理指标，这些指标一般不对外公开，这次我特别抽出了一些生产制造管理指标和大家分享。

仔细观察的话，我们会发现管理指标是多种多样的，在这里我们谈一谈如何选取对经营指标优化有帮助的管理指标和考虑方法。其中有一些内容和各位读者的固有想法完全相反也说不定，希望各位读者能在参考这些内容后，再次考虑一下管理指标的选取。我在这里讲述的是在丰田汽车和松下电器工作期间的个人体会。

9-1 // 制定能反映实际情况的管理指标

相信各家公司都有自己的管理指标，那么，这些指标是不是都能反映实际的状况呢？关于这一点，很多时候还是要打个问号的。比如拿库存天数的计算来说。

1 天的库存，是指 1 天使用的零部件个数，或者生产的产品个数（生产的合格品数）。

但实际情况是用盘点时的库存金额除以平均每天的出货数量作为库存天数。如果像财务部这样，只是为了了解库存的变化情况，用这样的计算方法无可厚非，但对于想对生产制造系统进行变革的部门来说，使用这样的计算方法就无法进行更深入的分析。特别是使用价值流图体现库存天数、时间的时候，应该回到原本的计算方法进行分析。

"盘点"这种特殊状态下的库存和日常生产时的库存，是完全不一样的数值。以提高生产制造实力为目的的库存消减活动，如果使用盘点的金额进行评价，就会产生偏差。明明改变了工作流程、开展了各种降低日常生产过程中库存的活动，但因为库存天数采用了盘点时的零件金额除以产品出库金额来计算，而出现即使通过各种努力使现场发生了变化，评价指标也不跟着变化的情况，使得开展活动的人们所付出的努力看不到结果。相反，为了提高指标，在盘点的时候采取出入库调整、停产等浪费工数的做法。所以希望大家在建立指标的时候，所选的指标要能够敏感地反映大家的努力，并能正确合理地指引持续改善活动。

库存天数

〈物流信息流图〉

✕ 库存天数 $= \dfrac{\text{盘点的库存金额}}{\text{平均每天的销售金额}}$

能采用盘点这种特殊状况下的库存数据吗?

⬇

〈反映实情的正确的库存天数计算〉

◯ 库存天数 $= \dfrac{\text{通常生产时的库存个数}}{\text{每天完成品的个数}}$

1天的库存,即指1天需要使用的零部件个数、
生产完成的成品个数等。

9-2 // 每日的生产实绩

在谈论生产量的时候，用"每天生产了××个"这样的表述的地方很多。尤其是用"每天生产了多少台（个）"表示生产实际数，并用图表对这个数值的趋势进行管理。当这个趋势变化很大而被问及"为什么会有这么大的变化"时，得到的回答往往是"这天作业人员少了1人或多安排了1个人加班"等。

每天的生产量管理固然很重要，但包含这么多影响因素的图表真的能指导改善行动吗？对于这一点我是有疑问的。制作图表的意义是，通过解读图表的变化后采取措施，或者希望能看出开展了各种各样的改善后会产生什么样的变化。根据包含变化很多的图表所采取的改善措施，往往只能开展"通过打造出人员变动少的管理体制，来保证生产稳定"这样的课题研究。但仅只是为了开展这样的课题研究的话，没有图表也是知道的。

有没有能够反映现场作业人员努力的图表呢？

在选择图表和管理指标的时候，以选择不受特殊变化因素影响的图表和指标为宜。比如当表述不合格的时候，百分比就比不合格个数更为合适，选用与生产量无关的指标的意义就在这里。

我们这里用生产量除以实际工作时间，乘以人数的积作为工时产出率，这样就不受加班和人员增减的影响，很小的异常也能在图表中反映出来，改善的成果也很容易从图表中看出来。图表的变动就能有效地推进尽快采取改善行动。

无论如何也想对生产数量进行讨论的话，希望在同一个图表里把加班时间和人员的变化情况记录进去。

每日生产实际

●生产数据

日数	每日生产 数	人	加班时间
1	1310	6	20
2	1345	6	30
3	1310	6	20
4			
5			
6	1300	6	15
7	1350	6	30
8	1380	6	40
9	1353	6	30
10	1325	6	20
11			
12			
13	1310	6	15
14	1335	6	20
15	1380	6	35
16	1400	6	40
17	1280	6	0
18			
19			
20			
21	1090	5	10
22	1120	5	20
23	850	4	20
24	1335	6	15
25			
26			
27	1565	6	90
28	1535	6	80
29	1600	6	100
30			

●每日生产数量

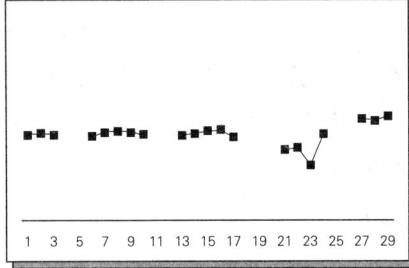

●单位时间的生产量

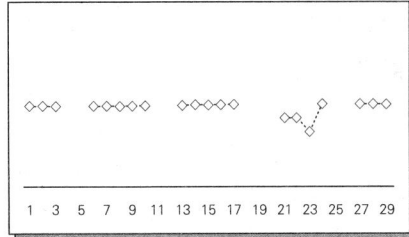

●完成的总工数

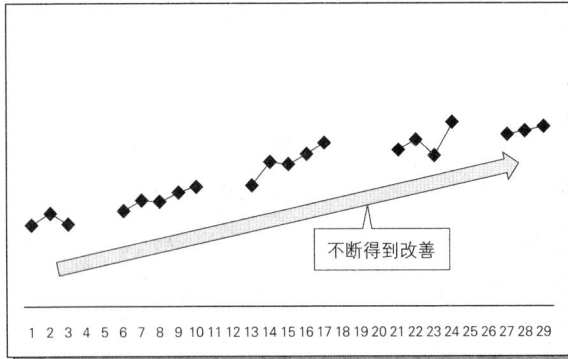

不断得到改善

210

9-3 // 不合格率和直通率

一般情况下大家会使用不合格率来描述质量的结果。不合格率是指在产品的投入数里，因为发生质量不合格而不能使用的产品数量所占的比例。

稍微严格一点来看的话，在生产线中途发生质量不合格，通过修理后再返回到生产线的产品，按合格品算呢？还是按不合格品算呢？另外，前一天作为不合格品挑出来，在第二天修理好成为合格品时，是不是加到合格品的数量里呢？稍微仔细追究一下，会发现各种各样的情况。

一般将可以在生产线内修理好马上投入的产品作为合格品，在生产线外修理的话作为修理件数另外计算。生产线内进行维修的产品不记入不合格品。用这种方法定义不合格率的单位很多。为了让科长或部长们能够看明白，希望大家仔细、正确地定义好算式，并建立不容易随意变更的管理方法。

直通率是指从材料投入开始，不经过任何维修工作成为合格品的比例。拿喷涂工序来说，当底涂不合格率为3%，中涂不合格率为1%，表涂的不合格率为5%时，直通率的计算方法为：$0.97 \times 0.99 \times 0.95 = 91.2\%$。

这是非常严格的指标，从生产制造的本质来说，能够用直通率衡量和减少工序不合格，直通率对提高附加价值产出也是非常有效的指标。

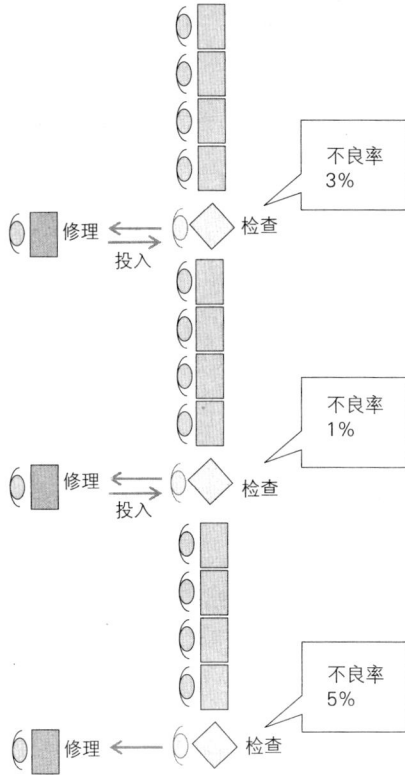

不良率和直通率

不良率
3%

修理 ← 检查
投入

不良率
1%

修理 ← 检查
投入

不良率
5%

修理 ← 检查

直通率 = （1 - 0.03）×（1 - 0.01）×（1 - 0.05）

= 0.97 × 0.99 × 0.95

= 0.912

→ 91.2（%）

9-4 // 稼动率（有效生产比例）和可动率（可以生产比例）

在彻底实施"必要的东西在必要的时候生产必要数量"的丰田生产方式概念里，在不需要生产的时候就把设备停下来是理所当然的事情。

但非常普遍的情况是，不想让昂贵的设备闲置，基于100%开动的想法而使设备24小时开动。因为与后加工或组装工序工作时间不一致，导致库存增加。因为重视车间单独的损益（P/L）结果，采取提前生产等措施追求100%稼动等，使库存变得合理化。无视事业整体的现金流（C/F）而优先考虑各车间的损益（P/L）结果，建立追求100%稼动率的评价系统。

大野先生对这种想法提出了明确的反对意见，他认为在必要的时候，按照需求的数量生产需要的产品就可以了，没有必要因为提高稼动率指标而延长设备的开动时间。因此，在丰田生产方式里用可动率的指标取代了稼动率，并且按照第214页的图示做了严谨的定义。生产制造的现场运营也围绕着提高可动率指标努力。

就像第214页图示一样，稼动率是指在工作时间里设备开动的比例。在丰田生产方式里，如果没有需要生产的产品就停机，即使有的月份稼动率是60%也没有关系。

相反，为了避免工作中途停机的情况要追求100%的可动率。简单地说就是：在需要开动的时候保证100%能开动。即减少突发故障、小停机、质量不良和切换时间，朝100%可动率的方向努力。

稼动率和可动率的概念区分是丰田生产方式特有的内容。

稼动率和可动率

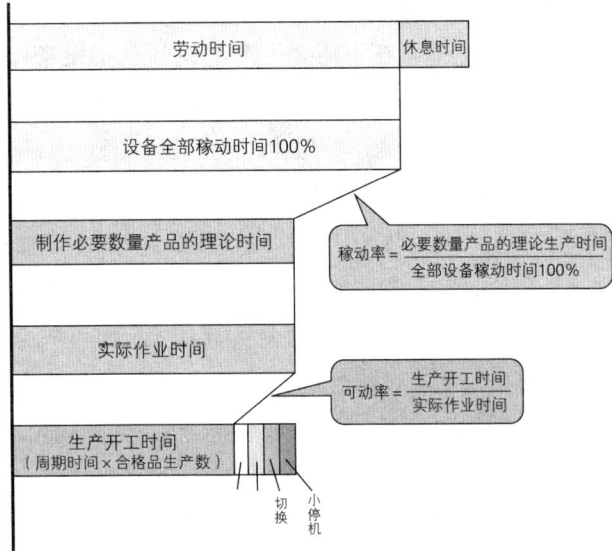

| 劳动时间 | 休息时间 |

设备全部稼动时间100%

制作必要数量产品的理论时间

稼动率 = $\dfrac{\text{必要数量产品的理论生产时间}}{\text{全部设备稼动时间100\%}}$

实际作业时间

可动率 = $\dfrac{\text{生产开工时间}}{\text{实际作业时间}}$

生产开工时间
（周期时间×合格品生产数）

切换　小停机

稼动率

应对产品需求的生产时间占设备全部开动时间的比例

可动率

想开动设备的时间里，设备能开动时间所占的比例

9-5 // 标准工时与纯作业时间

生产每一个产品都需要投入工时做安装定位或组装等动作，因此需要规定生产 1 个产品所要工时的标准（标准工时）。

确定标准工时的方法有对作业进行测量后确定的直接法，也有把作业分解成基本动作，然后根据这些基本动作的特点和工作条件分配时间 PTS（预设动作法）等间接法。丰田公司非常重视现场，所以一般采用直接用秒表测量的方法。

IE（工业工程）确定纯作业时间的方法，是对作业进行数十次的测量，然后把这些时间的平均值乘以放宽系数（使作业人员按照标准作业持续工作的修正时间），一般设定的标准工时会比测定的平均值多一些。

但丰田公司会在数十次作业中挑选 1 个作业人员没有失误、顺畅做下来的最短时间，把这个最短时间作为纯作业的时间，放宽系数为 1。一般情况下在纯作业时间里加入上厕所和疲劳恢复等空闲时间后，把这个计算的结果作为标准时间。

丰田公司不会考虑空闲时间，严格地说这个时间是实际存在的，但没有加入零件的加工时间里。在人员构成方面是这样考虑的：根据每人一年 20 天的年假算出必要的人数，每 10 人安排一位领班，生产线外安排 1 人等，按照这样的原则确定车间和生产线的人员构成。以小组为单位，根据每天的生产数量和种类计算所需时间，加上人员安排所需要的时间，算出每天合计的标准时间。以这个标准时间和实际花费的时间计算人员生产效率。

标准工数和纯作业时间

◎IE的思考方法

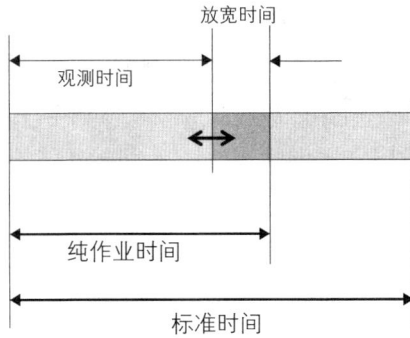

- 放宽时间
- 观测时间
- 纯作业时间
- 标准时间

◎丰田的考虑方法

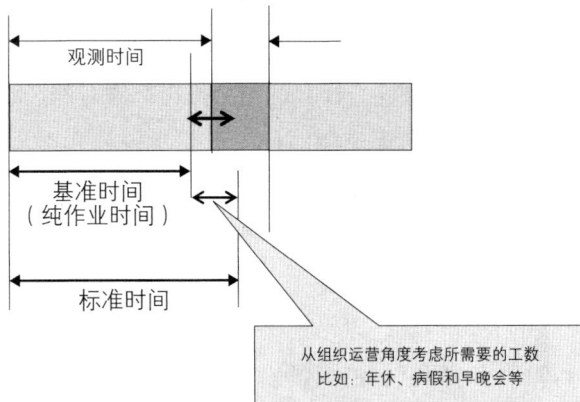

- 观测时间
- 基准时间（纯作业时间）
- 标准时间

从组织运营角度考虑所需要的工数
比如：年休、病假和早晚会等

9-6 // 统计实际成本的方法

为了知道实际成本，就必须正确统计当月使用零部件的数量。通过使用"KANBAN"能最大程度地缩短统计时间。因为在每个包装单位都会放一张"KANBAN"，当 KANBAN 拿出来时就意味着那个材料已经投入使用了，只要计算使用剩下的部分，就知道每个月的使用数量了。某个月使用的材料就等于领取的 KANBAN 张数×1 张所对应的数量，减去剩余数量所得的值，因此月末只要数一下剩余的数量即可。生产数量也可以通过每日的生产实绩的报告得到，单个产品所使用的材料也就能计算出来了。

产生的费用尽量采用直接记账的方式，但往往有很多情况不得不采用分摊的方法，这个时候要尽量做到分摊合理。比如考虑 1 台注塑机生产 5 种产品时材料的摊销方法，一般生产注塑产品使用的材料有零件本身的重量、浇口废料、毛边和品种切换时洗螺杆的废料等。基本不变的产品、毛边和浇口废料每月统计两次，经常发生变化的洗螺杆废料和不合格品件数则按次进行统计。这样就可以根据合格品数量、不合格品数量和品种切换次数（洗螺杆）推算出原料的使用量。理论上算出的数量和实际使用量之间的差值（如果数据正确，往往实际值会比理论值更大）按照各产品的总重量进行分摊。计算稍微有一点复杂，如果在设备上安装可以计量生产每种产品所用材料的装置，就可以直接了解材料的使用量而不需要用分摊的方法了。

用这种方法就可以了解生产制造使用的实际成本金额，并将其计入单位或部门发生的总成本里。

了解实际成本

◎了解每月使用量（α）

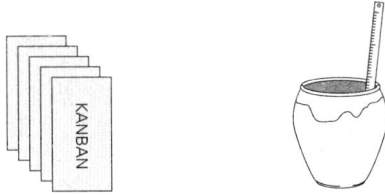

KANBAN枚数和月末残留量的测定

◎费用分配的事例

〈每半年每个产品测定1次（A）〉

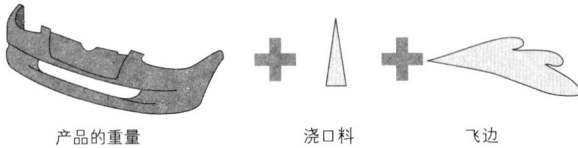

产品的重量　　　　　浇口料　　　　飞边

〈此时的测定内容〉

切换时使用的原材料的重量（B）
产品个数（C）、不合格个数（D）

● 1个月里生产一定量的成品理论上使用多少原材料?

→
理论使用量β＝［B的合计＋A×（C＋B）］×生产数
全部产品的理论使用重量总和（α）
算出实际与理论的差 α－β＝γ

将实际与理论的差γ按照各种产品的使用重量分配到各产品中

9-7 // 盘点时间

我观察了很多公司的盘点工作，有的公司盘点要花费 1—2 天的时间，有的用不足 1 个小时就能完成。

把生产线停下来、花 1—2 天进行盘点的公司，可能完全没有意识到这个时间其实是浪费。对收支非常敏感的财务部门往往会要求清点库存量，而忽略了这个工作就是浪费。

对公司来说这是莫大的浪费。拿一个拥有 1000 名员工的来说，如果 1000 个人进行生产，把附加价值增加到产品里卖掉，会产生几百万甚至几千万日元的销售，但因为盘点就这么放弃了。

拥有上万个零部件的汽车总装车间，通过下功夫和各种努力也能做到 1 小时内完成盘点。存放着这么多零部件的地方都能做到 1 小时内完成盘点，可想而知几乎所有公司的盘点都应该能在 1 小时左右完成。

曾经有个制造厂商，通过反省为什么盘点要花费 1 整天的时间，再努力想办法缩短，结果做到了 20 分钟左右完成盘点的。为了达到这样的水平，以下几点非常关键：

1. 切实实施 3 定管理。
2. 包装数不会大大超过每天的使用量。
3. 计算单价便宜的零部件时以包装单位四舍五入估算。
4. 一种零件只放在 1 个地方。
5. 建立全体员工参加点数的管理方法。
6. 按照整包加零头数的方法记录。
7. 建立标注了货位的库存清单并打印出来。

用以上这些方法且做到全员参与的话，就能做到 1 小时完成盘点。

◎零件货架

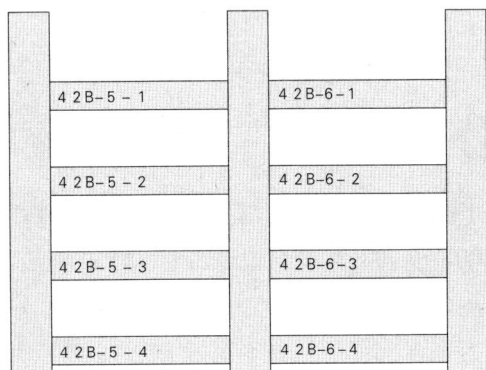

4 2 B－5－1		4 2 B－6－1
4 2 B－5－2		4 2 B－6－2
4 2 B－5－3		4 2 B－6－3
4 2 B－5－4		4 2 B－6－4

◎盘点清单

货位	产品编号	缩略编号	整包数	零数
4 2 B－5－2	4 3 5 6 7 8 9 － 1 2 3 5 6 9 － A	536		
4 2 B－5－3	4 3 5 6 7 8 9 － 1 2 3 5 7 0 － A	452		
4 2 B－5－4	4 3 5 6 7 8 9 － 1 2 3 5 7 3 － A	685		
4 2 B－6－2	4 3 5 6 7 9 1 － 1 2 3 5 7 2 － A	136		
4 2 B－6－3	4 3 5 6 7 9 9 － 1 2 3 5 7 3 － A	258		

做好3定管理，就能得到盘点表左边的完整信息。全体人员一起参与的话，盘点工作能在1个小时内完成。

第 10 章

✛

现场管理的工具

本章的内容

在这一章里，介绍一些现场运营时需要用到的管理表单。

公司和社会的各个方面都会对生产制造现场提出各种各样的要求。生产制造现场需要在应对这些要求的同时使现场充满活力，全体员工拥有"开朗、快乐、积极向上"的工作状态。此外，还要以宽广的视野审视整个生产制造体系，创建有价值职场，使下属在生活和安全等方面得到保障。

要完成以上所提到的事情，就需要用到职场管理 7 个方面的工作。

①安全

在工作场所不发生伤害事故和职业病的活动

②环境

减少废弃物和 CO_2 排放量等环境保护相关的活动

③质量

改善质量，提高生产制造可靠性的活动

④生产

不让客户等待，开展按最短生产周期生产的活动

⑤成本

以获得更高利润为目的的活动

⑥保全

使设备在需要开动时能 100% 开动的活动

⑦人事

从下属入职、离职记录，到与其沟通工作困扰相关的活动

10-1 // 安全

现场巡视的时候，有很多工厂把安全作为管理指标来管理。以 0 事故作为目标是理所当然的，伤害事故必须做到零。

海英里希法则说 1 件重大的伤害事故背后有 29 件轻伤和 300 件曾经因为相同的问题安全受到威胁，而没有造成伤害的事故。

在说"不要受伤！不要发生事故！"前，要思考开展怎样的活动才不会受伤和发生事故，把这种状态制作成表格管理起来是非常重要的。第 224 页的图就是这方面的一个例子。

这个职场的领导为了确保职场的安全，提高大家的安全意识，让下属制作"什么建议都可以"的提案，以降低事故发生的次数。制作"什么建议都可以"的表格，推动下属提出大量的提案，并把推动的结果"可视化"，密切关注和管理每个月的提案件数。

在这个案例里，把"什么建议都可以"的提案活动作为安全活动的支柱，把这个提案表格和提案件数作为关心安全的指标进行管理。除了"什么建议都可以"的提案件数外，还有惊吓报告件数、指差呼叫的实施率、5S 评价指标等各种活动。关于安全管理的活动，不一定要大范围地开展相同的活动，可以根据职场的风气、人员的结构等实际情况采取各种不同的方式。估计没有人能说哪个职场最适合哪种方法。但是，职场的领导应该让全体下属知道，自己部门将以什么活动为基础达成伤害和疾病为零的目标，让大家团结一致地参与到活动里来是非常重要的。

因此，团队活动应该像本节提到的例子一样，用"可视化"工具管理起来。

安全

◎开放提案表格

开放提案表格

提案人 _____ 提案日期 _____

提案内容	略图

答复人 _____ 答复日 _____

答复内容

⬇ 提高意识的可视化

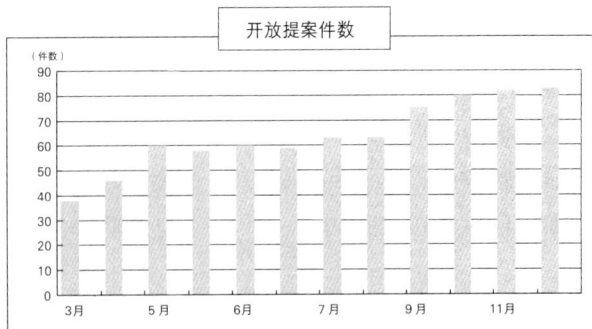

开放提案件数

〔件数〕

	3月	5月	6月	7月	9月	11月

10-2 // 环境保护

在生产制造领域，环境问题是不可忽视的问题。那么，在生产制造最小单位的组织里，应该开展什么样的活动呢？

首先必须做到防止污染物排放。即对有害气体、污水、噪声、其他有害物质管控起来，不随便排放。与有害物质相关的部门可能很少，但任何一个部门都会与废弃物相关。建议大家利用每月废弃物管理底册，把自己部门（小组）产生的废弃物全部记录下来。针对废弃物产生的异常情况，利用 PDCA 循环进行改善。

接下来是推进节能方面的工作。这方面的内容，需要所有成员关注和担负推进的义务。特别是近年来被称为 CO_2 削减的活动，有的公司是把使用的能耗换算成 CO_2，让各个部门间相互之间评比计算的。

a. 消除漏水、漏气和漏油的现象。

b. 将水、气、油压力值标准化并遵守。

c. 将注射工艺标准化并遵守。

d. 将模具设备保养的时间标准化并遵守。

e. 进一步推进节省能源相关工作。比如提高注塑周期、降低注塑温度等。

f. 防止设备空运转，停机时关闭电源。

有效使用这个检查表的话，小团体也能达到节省能源的目的。

◎废弃物产生量的管理

产生废物量

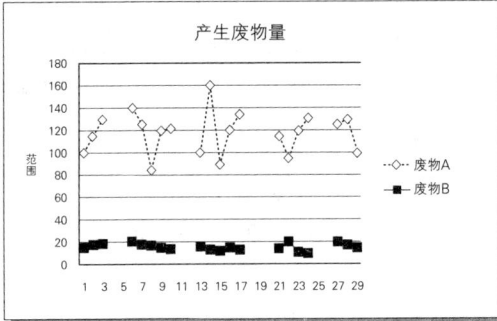

◎关于控制废弃物的管理表事例

CO_2排放的检查表（注塑）	
项目	检查状况（记录内容）
a.没有漏气、漏水、漏油	
b.遵守压缩空气、水、油等标准压力值	
c.注塑工艺的标准化并遵守	
d.模具保养时间的标准化并遵守	
e.进一步增加节省能耗的提案数量	
f.实施防止空运转，非开机状态下切断电源	

10-3 // 质量

继环境之后的重要项目是质量。

一般与质量相关活动的结果指标是降低不合格率和提高直行率。但如果深入思考一下，还需要一些维持和提高质量的活动指标。例如，作业指导书的修订率、变化点管理、QA 矩阵和减少重点生产线不合格品产生等活动。

某企业开展了切实遵守作业指导书进行作业的活动，通过彻底的标准化使得偏差控制在很小的范围，从而不产生不合格品。并不是追求完美的作业指导书，但产生不合格品往往是由很细小的问题导致的。因此，需要用 5why 分析找到真正的原因，为了使同样问题不重复发生，就需要对作业指导书进行修订。另外，通过作业者下功夫改善等改进工作的方法，这个时候也要修订作业指导书。出于这些原因，所以要求现场领导把作业指导书的修订次数作为质量改进活动的指标。

提高质量的基础是作业指导书。

在现场巡视的时候，经常看到管理板上张贴着用打印机打印出来的不良率信息。这种情况一般是现场领导让质量担当者把数据输入电脑，制作成图表打印并张贴出来的，是一种没有用心、机械式的运作。请现场领导在每天工作结束的时候，确认质量不合格和当天的直通率结果，如果结果好就会产生"因为采取了这样的措施，结果变好了！"的想法，如果结果不理想，会思考为什么会产生这样的结果，从而考虑如何开展明天的工作。这需要手工填写每天管理的项目。

质量

◎作业要领书

危险等级 CC

□ 处理异常作业　□ 不固定 低频率作业　□ 固定 低频率作业　■ 固定作业　■ 一人作业　□ 联合作业　□ 环境影响登录文书

作业要领书　　作业名

发行月日　04年 7月 3日

No.	作业步骤	作业顺序	要点	作业注意点	注意事项	时间

作业步骤　　作业顺序　　（安全、信赖、环境相关）作业 注意点　　注意事项

作业时间合计

周期时间

作业时间合计

1-1	2-2	3-1	3-2

[注意事项]

[防护用品]静电服·静电靴·橡胶手套

修订年月日	修订者	修订项目	修订理由

◎变化点管理板

月　　日　　　　变化点管理板

人的变化点	设备变化点	材料变化点	工序变化点

变化要因　　年月日　　变化点　　工程：　内容：

人　设备　材料　工艺

记入者　对应　发生质量不合格防止流出项目：　谁　频度　监督者

流程 发起者→监督者→管理板→卡片袋→课长1/M〔当年保管〕

228

10-4 // 生产

生产和质量一样，也会有各种各样的管理表单。比如生产达成率、生产能率、标准作业组合票等。通过这些表单，能判断每天的生产是否达成计划，以及知道生产是否有效率地进行。

关于每天的生产是否达成计划，第 8 章的生产管理板已经阐述，在这里不再赘述。我们谈一谈能影响生产效率高低的生产能率（人的生产效率）。

生产能率是指针对每个生产品种决定的标准工时，实际花费了百分之多少进行评价的指标。比如，某小组昨天生产了 3 种产品，生产的数量分别是：A 产品 100 个、B 产品 200 个、C 产品 150 个。那么标准工时为：100×（A 的标准工时）+200×（B 的标准工时）+150×（C 的标准工时）= 3752 分钟。另一方面，昨天这个小组投入的总工时为 3850 分钟。此时的生产能率为：3752÷3850×100% = 97.45%。

每天计算这个数值，确认生产效率是不是越来越好，有没有大的变化。当生产效率发生大的变化时，写下变化的内容，好的时候记录保持下去的方法，不好的时候记录改善的方法。

在丰田汽车，还特别制作了与生产相关的 TPS 板进行管理。在这块板上有标准作业组合票、标准作业表，当然也有线平衡图，以及关于工厂贯彻 TPS 的基本情况，比如 KANBAN 张数和该小组的物流信息流图。

●生产能率图表

（%）　2月能率

●标准作业表

●标准作业组合票

●工序能力表

●山积图

10-5 // 成本

生产制造现场的成本降低活动，有向设计和采购提出零件点数的削减，或更容易制造的提案活动，也有通过减少每天使用量、报废量而累积出大效果的活动。

日常生产中的直接材料每天都在变化的很少，不需要每天清点，做到每月清点即可。

我看到过这样的事例，即开展每月直接材料下降活动，和能率（人的生产效率）提升活动，对润滑油和抹布等辅助材料也在开展降低消耗量的活动。

我也看到过这样的部门，他们让下属把成本降低相关的留意事项写下来，然后评估实施。作为结果，使得部门领导不是自己一个人苦思冥想，真正体会到全员参与推进成本降低活动的好处。

为了开展更细致的管理，使用辅材实际管理表这样的表单也是比较好的。这个时候要注意的是，用实际消耗数与生产台数的比作为管理指标进行管理。

拿手套来说，生产 300 件产品用了 10 副手套，那就是每 30 件产品用 1 副手套。开展活动让这个数值不断变小，是重要的成本削减活动。

为了使活动产生更好的效果，要建立"谁在什么时候做什么事情"的待办事项清单，对措施的实施进度进行管理。

这里说的成本降低活动，如果部门全体人员不能做到心往一处想，就不能产生很多提案和智慧，难以产生理想的成果。

所以请务必以团队的形式开展降低成本活动。

成本

◎何谓成本

◎细分·成本状况

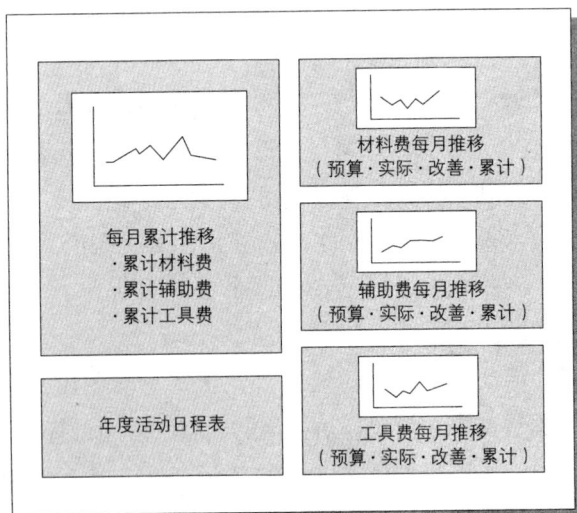

10-6 // 保养

这里说的保养，并不是专业领域的保养活动，而是指生产制造生产线日常保养的管理方法。

第 234 页图是为了实施日常保养而制作的管理看板。

这个保养管理看板是在明确日常保养需要做什么的同时，将是否切实地实施进行可视化。有些职场用下面的方法进一步推进日常检查活动：在场地中央放置星期一到星期五日常检查的指示看板，每天实施了日常检查后把看板翻转过来，通过这种方式将日常检查可视化。

在这个看板上，贴上布局图并把频繁发生故障导致停机的场所记录上去，引起更多人的关注。此外，在年度可动率趋势的旁边记录每天的可动率趋势，这样就把生产线可动情况可视化出来了。而且把针对大故障的实施结果记入，将是否采取了切实的措施进行可视化。

保养基准书是记载生产线整体保养计划的表单。

保养作业指导书是记载保养作业步骤和作业要点的文件。

点检项目一览表是日常保养里需要检查的项目清单。

频发停机依赖书是设备使用部门在故障或异常发生时给保养组提出依赖事项的表单。

而且，应该时刻保留和更新本生产线相关的设备备品清单。

实施以上这些内容，加上设备保养人员和生产线上人员的相互协作，对设备切实实施日常保养，才能逐步做到设备不发生故障。

保养

◎保养基准书

*** 日常保养
管理板

布局图	年度检查表	未对策问题一览表
设备布局	计划和进度	

日常保养 / 月 日～ 月 日

检查项目	星期一	星期二	星期三	星期四	星期五	低频率
	已实施 已实施	已实施 已实施	已实施 已实施	已实施 已实施	已实施	
	已实施 已实施	已实施 已实施	已实施 已实施	已实施 已实施	已实施	

卡片的背面

实施保养后把
卡片翻到背面

保养基准书	保养作业要领书	检查项目一览表	频发停机依赖书	日常保养零件一览表

班次	
设备编号	
保养内容	
保养时间	
①	基准书No.2·3
	基准书No.1·2
②	

卡片正面

234

10-7 // 人事

第 236 页图所示的人员配置看板，是为了把握人员的总数、岗位，明确人员变化而制作的。为了达到这个目的，在看板左侧的图标里记入了部门内人员的出勤状况、年休情况、支援人员和新人等信息，在看板右侧制作了生产现场的布局图，在布局图里将把谁安排在什么岗位的人员配置情况进行了可视化。

此外，还对人员变化需要留意的事项进行了标注，以便部门内所有人员知晓。

而且因为张贴个人照片、姓名和简单介绍，这样即使高层人员看了这块配置板后进入现场，也能称呼出员工本人的姓名，从而开展关系亲近的对话。

因为记载了年休和总人数的信息，当前配置的人员是否和必要的人数一致也一目了然。记住这些内容再去看生产线时，就能提出"这里改善一下的话就能减少人员"这样具体的建议。

另一个希望大家实施的人事相关的工作，是维护多能工矩阵。

这个矩阵的具体制作方法是这样的：把部门内作业人员的姓名写在表格左侧，横向记入各工序的名称。各作业人员的能力和训练期间分 5 个等级进行评价，涂上颜色标记。

有了这样的技能矩阵，能使哪个作业员能做哪些工序一目了然。在有人年休和病假的时候，为了使工作不受影响，可以纵向看看表格，然后决定安排谁来顶替，所以相同的工序至少需要 3 个人掌握有关的技能。当生产线工序不多的时候，应该致力于训练，使得掌握各工序技能的人员增加。

所以，除了以发工资为目的的出勤和加班等管理内容外，人员管理方面至少还要实施以上所说的两点内容。

人员揭示板

	2月	*日的人员配置	
		出勤人员	本日的目标
必要人数	10名		
现在人数	10名	10名	
监督者	2名	2名	
支持人员	1名	1名	
工序数	3		
年休人员	1名	0名	
年休人员	11名	1名	

人员配置图

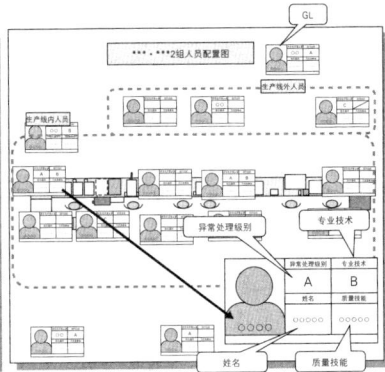

GL

*** ***2组人员配置图

生产线外人员

生产线内人员

异常处理级别

专业技术

异常处理级别	专业技术
A	B
姓名	质量技能

姓名　质量技能

技能图表

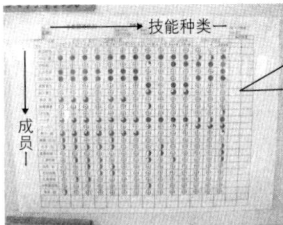

技能种类

成员

符号	说明
○	完全不会
⑤	训练到5月可以认定
◔	指导员在旁边的时候可以胜任
◑	即使时间达不到要求，也能按标准的作业顺序独立完成
◕	保证在规定时间内完成标准作业
●	能教别人

第 11 章

✤

生产制造水平从 B 级提升到 A 级

本章的内容

第三章讲述了从 C 级到 B 级水平的提升方法。

在本章里，将和大家讲述从 B 级达到 A 级需要做哪些事情。

在第 4 章至第 10 章记载了推进丰田式生产方式的 JIT 和自働化所需要做的事情。如果实施其中这些内容，就能到达本制造评价体系的 A 级水平。

这套生产制造评价体系的 A 级水平不是凭空想象出来的，而是我根据工作中实际做过、指导其他公司以及在别的公司亲眼所见的实际情况确定的。但是，现实中不存在满足所有条款的公司，是我挑选了各家公司做的好的地方汇集而成的。

随着时代的变迁，代表最高水平的 A 级的内容也会发生变化，但应该是在现有 A 级水平延长线上的进步，肯定不是调转 90 度反方向的内容。

企业如果已经达到顶级水平，就需要制作特 A 级水平的内容。

在这一章里，可能会出现与前面章节重复的内容，这样的安排是希望大家能够更加系统地审视一下生产制造的每个环节，全面达到顶级水平 A 中所要求达到的内容。

11-1 // 零件材料的收货和准备情况

如今是一个连快递也可以指定时间送达的时代。对零部件厂家的送货也要做到不仅要求送货日期，还要明确更加具体的时间。

要做到零部件在指定的日期和时间送达，零部件厂家从接单开始到发货为止的提前期、生产方法和对指定日期与时间的考虑方法等，都要一起考虑进来。因此需要到零部件厂家的现场，和他们交流沟通，做必要的调查。

针对零件送货延迟的厂家，和他们一起调查延迟的原因，推动问题一个一个地解决的决心是非常重要的。比如下订单的时机、数量和品种的变化等，下订单一方能改的内容要及时更改，应该标准化的内容要进行标准化。

与此同时提出各种缩短提前期的方案，推进方案的实施，也是非常重要的。

提到让供应商多次送货，往往就会和成本增加联系起来，从而不能推行，所以实现多次送货需要制订严密的计划，下功夫才能运行起来。在供应商开始多次送货的时候，零件单价的签约方式成为预测活动效果计算一个很大的障碍。运输费没有独立分开，而是包含在零件单价里面的情况很多，在仔细核算运费的时候，往往出现运费导致亏损的情况。因此应该签订运费单独被列出来的合同。

有些事情要在推进增加搬运次数的多次送货前实施，比如按照目前的搬运次数，搬运间隔均分和按照具体时间收货，这样导致成本增加的因素就会减少。

零件材料的收货准备情况

◎达到水平A的条件

> ·零件材料按照计划到货→生产没有变更
> ·送货车辆不是集中到达，而是等间隔到达
> ·零件仓库做到了3定和先入先出管理

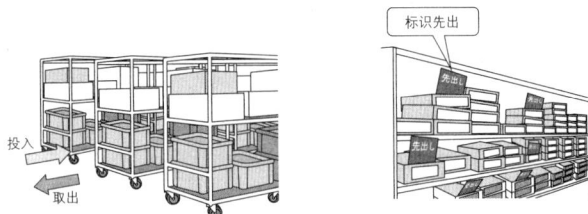

送货车的达到时间

◎3定和先入先出管理

11-2 // 减少零件入库到生产线投入使用之间
的停滞

在第 3 章介绍了通过安排专门往生产线上搬送材料的配送人员，下功夫对生产线上零件的摆放方式进行改善，从而实现零件搬送人员的工作可反复进行。这个做法的要点是计算零件搬送到生产线，直至使用完毕需要多少分钟，如果在这个时间内搬送零件，就不会出现零件和材料短缺的情况，而且这种情况让作业员也非常清楚，不用在往复循环的工作中担心和确认零件是否会短缺。

然而，在出现问题导致反复循环搬运作业无法完成时，如果没有确定备用方案，作业人员会因为担心前去查看；一次失误就会引起无法挽回的损失，出现各种各样的工序缺材料的情况。

在此基础上，取消生产线附近的材料临时置场，不从生产线旁边的材料临时置场往生产线循环往复地搬运，而是在仓库的材料置场配好货后直接送到生产线。这样做能更进一步降低库存，使物流没有停滞，作业效率也能提高。

但是，在实施这种方式时，仓库和生产人员不调动的话，搬运人员就会增加，从而增加整个生产制造的工时。

丰田的搬运工作是基于"必要的东西在必要的时候和必要的量"的原则，采取多次搬运的方式进行的。多次搬运本身增加了搬运次数，会导致成本的增加，因此可以采用混载搬运的方法提高每次搬运量，下功夫降低整体搬运费用，其中包括广为人知的牛奶配送方式（高效地到多个供应商处取货，运输路径合理化和提高装载率）。

削减从零件收货到生产线使用为止的滞留

◎水平A的条件

> ·从仓库直接搬送零部件到生产线
> ·在生产线附近没有临时放置材料的场所
> ·采用多次混载搬运方式

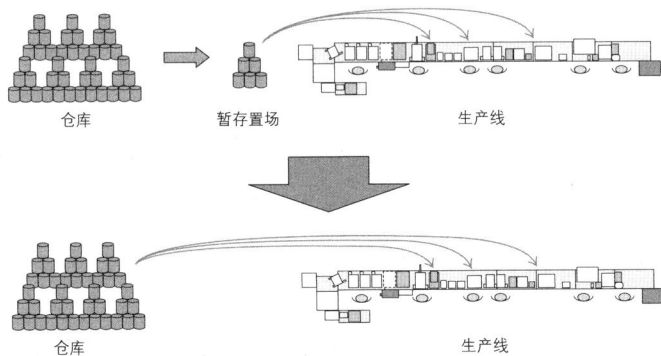

仓库　　　　　暂存置场　　　　　　生产线

仓库　　　　　　　　　　　生产线

◎多次混载搬运

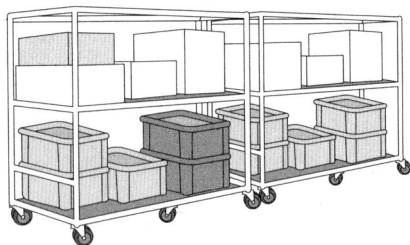

11-3 // 削减工序间半成品库存

本书在 3-3 节介绍了生产线手持率，8-6 节讲述了降低生产线手持率的方法单件流等。这两部分主要是将以人工作业为主的组装生产线作为分析对象的。在本节中让我们思考如何进一步提高。

已经向大家介绍了一些针对既存生产线的改善方法，下面是构建新生产线时可以参考的做法。

a. 制作更加贴近实际的标准作业组合票。

b. 根据节拍时间计算需要的人数，决定他们要负责的工作。

c. 工序和工序之间只保留放 1 个半成品的空间。

d. 安装节拍器。

e. 工序数超过 10 个的长生产线，为了避免小失误影响生产线整体效率，在生产线里设置 3—5 个用于应对波动的半成品。

通过这些措施使新生产线一开始就实现单件流。后续再推行作业改善，生产线平衡就会被打破，即可对生产线做出调整或削减工序。

那么以设备加工或自动组装为主的生产线怎么办呢？

1. 推进考虑过整流化的生产线。

2. 找出生产线的瓶颈工序。

3. 在瓶颈工序前放置 1 个待加工的工件。

4. 在瓶颈工序前面的工序，一旦发现瓶颈工序前面等待加工的工件被取走，马上加工补充。

5. 瓶颈工序后的工序，收到工件再进行加工，完成后送到下道工序。

削减工序间的半成品库存

◎水平A的条件

> ·作业者和作业者之间只有放1个产品的空间
>
> ·而且这个位置一半以上的时间没有放置半成品库存
>
> ·设备加工的工序也是一样的考虑方法，生产线手持率在1.5以下

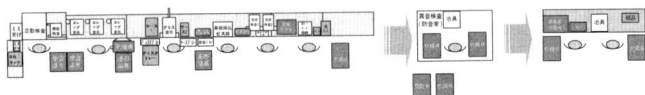

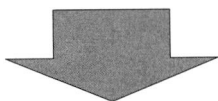

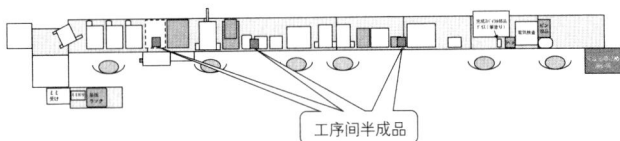

节拍器

工序间半成品

> 生产线手持率(6个+3个）÷6人=1.5

11-4 // 削减车间之间/生产线之间的库存

第 3 章讲述了创建具有高可动率、能够安定生产的生产线，以及缩短切换时间进行小批量生产。第 6 章介绍了通过 "KAN-BAN" 进行生产指示的方法。实施这些内容的话，生产线间和车间之间的库存能够降低到 4 小时以下，甚至 2 小时以下。本章节对降低生产线间、车间之间的库存做一个小结。下面是作为前提需要做好的事情：

a. 为使各工序只生产必要的东西和必要的数量，努力减少异常、故障和质量不合格的情况。

b. 后工序小批量领取。即使是利用卡车或轮船运输时，从前工序的领取也坚持小批量，这样能知道前工序是否持续按照原计划的速度进行生产。

c. 领取的数量和品种波动控制在很小的范围。努力使波动范围控制在 10% 到 20% 以内。

d. 后工序按照很小的时间间隔，只领取必要的东西和必要的数量。

e. 自己工序生产的东西，不强行送到下道工序，而是作为自己的完成品保管起来，负责任地对完成品库存进行管理。

f. 只在后工序前来领取或后工序要求送货的情况下出货。

g. 缩短切换时间，缩小生产批量。

在实施阶段要注意的事项：

1. 仔细记录每次后工序领取的数量。

2. 后工序领取量超过生产批量（形成批量）后，按照形成批量的顺序和事前确定的批量生产。

3. 按照这样的模式操作的话，库存会变得很稳定，就可以进一步进行削减库存的活动了。

削减生产线之间/车间之间的库存

◎水平A的条件

> ・车间之间/生产线之间的库存在4小时以内
> ・按照后工序的拉动（生产）组织生产
> ・零件置场做到了3定和先进先出管理

◎批量形成BOX和等待生产

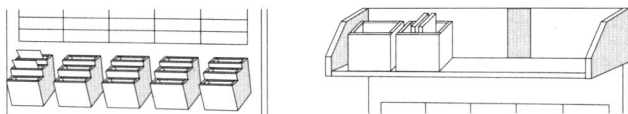

◎零部件生产部门的3定、先入先出管理

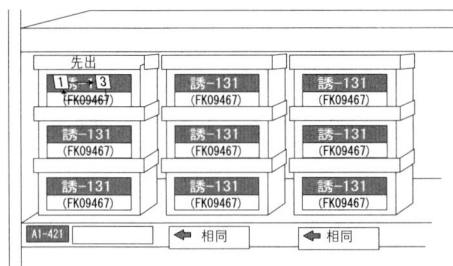

11-5 // 标准化

本书第 3 章主要介绍了作业指导书的书写方法。本节来讲一讲标准化的意义，以及如何做得更好。

在丰田经常听说：没有标准的地方就没有改善。这句话的意思是说，没有基准或者标准的话，就无法判断正常还是异常，那么进行没有异常的改善更无从说起了。任何工作都是有标准的。只有这些标准或基准被遵守的组织才能被称为公司。所以，要生产出质量好的产品，成为每日进化的现场，就一定需要标准。因此创建按照标准工作的环境是非常必要的。

在国外的某工厂，致力于细致地书写标准作业指导书，最终达到日本母工厂的作业指导书的 3 倍之多。此外，按照标准进行工作是更加重要的事情，为此他们配置了专门观测作业人员有没有按照标准工作的检查人员。

即使按照标准进行作业，也会出现各种各样的问题和产品不合格的情况。这个时候就要查看详细的作业要领书，查找真正的原因，下功夫努力改善。

发生不合格的时候，查看现场的作业要领书，通过修正作业步骤和方法，能够使生产制造的水平进一步提高。因此在水平 A 的表述中，提出了作业要领书 1 年左右修订一次的要求。这个修订工作也可以作为指标，用来衡量现场干劲的差异。

标准化

◎水平A的条件

> ・制作了含有作业方法的作业要领书
> ・在作业要领书里有作业步骤、注意事项和注意的理由
> ・作业要领书1年修订一次

> □ 没有标准的地方就没有改善
> □ 偏离标准就是异常
> □ 作业标准需要经常改善、修订

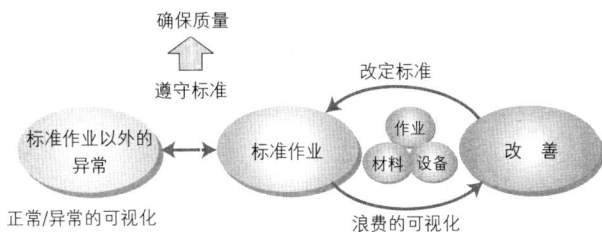

确保质量

遵守标准

标准作业以外的异常

标准作业

作业 材料 设备

改善

改定标准

正常/异常的可视化

浪费的可视化

248

11-6 // 质量的情况

使用前面章节提到的推测检验的方法，关注工序之间的偏差和自工序生产过程控制等方面的内容，生产合格品的方法就会越来越清晰。

即使没有建立像推测检验这样理想化的质量管理体制，也要尽量把当前生产状态的趋势管理起来，从而了解是否持续地生产高质量的产品。利用趋势管理的工具 $\overline{X}$ 管理图和 $\overline{X}R$ 管理图［计量值（重量、长度、电压、电流等可测量的参数）的平均值（Xbar）和范围（R）是否因为偶然因素在范围内波动的管理图］，监控现状值是否在规定的范围内。

万一生产出了不合格产品，按照自働化的思想，立即停止生产查找原因，采取适当改善措施后再继续生产。实行了这种方法的工序，在不合格品摆放区域放置两个以上的不合格品就会感觉不正常，放置了两个以上的不合格品，意味着问题没有被及时发现或及时处理。

如果生产不合格产品，就无法实现"需要的东西、在需要的时候、按照需要的量生产"的 JIT 丰田生产方式。等级 A 的地方放入 93% 直通率的要求，是因为我在实际工作中经历了直通率低于 93%，按照后工序拉动的方式进行生产，即使开始生产的时间很及时，但在生产完成时间点无法交出后工序所需要的数量，导致现场十分混乱的情况。严格按照理论计算出来的数字也是不可靠的，请大家理解。

◎水平A的条件

- ·实施了质量趋势管理 参照$\bar{X}$-R控制图
- ·出现不合格的时候马上停止生产线调查原因
- ·直通率达到93%以上

◎$\bar{X}$-R控制图

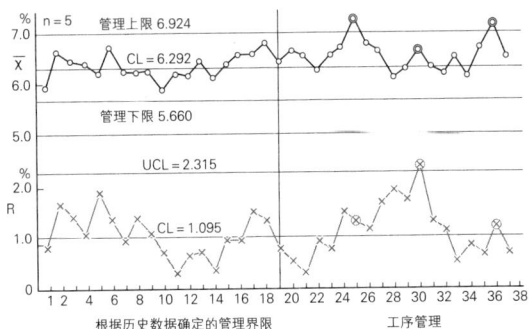

$\bar{X}$-R控制图：用于控制对象为长度、重量、电压和电流等计量值的场合。$\bar{X}$控制图主要用于观察正态分布的均值的变化，R控制图主要用于观察正态分布分散或变异情况的变化，$\bar{X}$-R控制图则将二者联合运用，用于观察正态分布的变化。

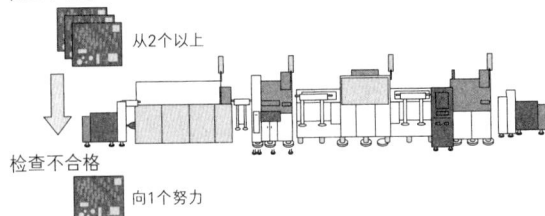

检查不合格

从2个以上

检查不合格

向1个努力

11-7 // 单位时间的产量的波动

在第 3 章里，提到了为了控制每小时产出的波动，在生产线上安装节拍器的建议。

把单位时间的产量波动控制在很小的范围，就能准确估计出到对应时间交出相应数量的产品，什么时候需要开始生产，库存占用的空间也能做到最小化。

但是，计划的达成率超过 100% 是不行的。能够做到 100% 以上，要么因为比计划投入了更多的人员，要么是计划本身就要求不高。一般在 1 天内会发生多次失误，如果严格设定标准时间，不可能达到 100% 以上。以人为主的生产线，如果安排更多的人参与生产，单位时间的产出数就会增加，因此安排人员计划的时候，按照 97% 的执行率会比较好。比较理想的情况是计划执行率从月初 97% 开始，通过改善月末达到 98% 的水平。

经常听到这样的说法：生产现场的加班费用是正常工作时间的数倍之多，所以要努力在正常下班前完成计划。按照这种想法，很容易导致生产计划宽松，人员安排也会有一定的余量。按照加班 0.5—1 小时的基准制订人员计划，月初按照计划加班了 1 个小时，通过每日提高生产效率，到月末实现加班 0.5 小时就能生产出必要的数量。这样就能做到改善即可产生经营效果的体制。如果以正常上班完成生产为前提，及时进行了改善也不能在当月把人员减下来。但可以生产更多的数量，因为应该根据必要数量决定节拍时间，生产必要数量以上的产品，库存就会增加，对经营来说是负面的。按照这样的考虑方法实现波动很小的生产制造，就能制订出比较合理的生产计划。

◎水平A的条件

- ・安装了节拍器，每小时产量的波动很小
- ・每小时产量达到计划的95％—99％
- ・编成效率在90％以上，手持率很少

◎每小时产量管理

时间	计划台数（台）	实际台数（台）	与计划差（台）	自责	自责停机（分）	他责	他责CL确认	他责停机（分）
8:00 - 9:00	42							
9:00 - 10:00	43 / 85							
10:10 - 11:00	35 / 120							
11:00 - 12:00	43 / 163							
13:00 - 14:00	42 / 205							
14:00 - 15:10	43 / 248							
15:10 - 16:10	43 / 291							
16:20 - 17:00	29 / 320							
加班 0.25hr…11台 0.5hr…21台 0.75hr…31台 1.0hr…42台	53 / 373							

◎山积图和编成效率

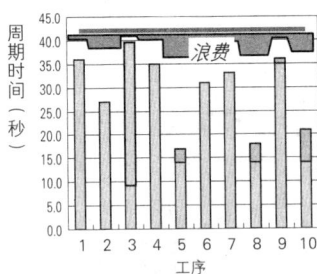

编成效率：63％

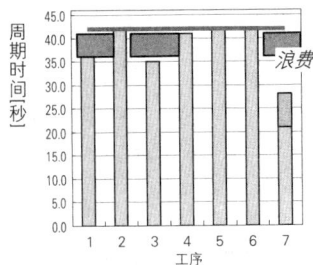

编成效率：91％

$$编成效率 = \frac{作业者数量 - \Sigma\, |\, T.T. - C.T.\, |}{作业者数量} \times 100\%$$

11-8 // 应对变化和少人化

这个项目追求的是"销售减少，利润却在上升"的结果，可能是最难的一个项目了。生产现场应该参考下面的方法。虽然费用可变化本身意义不大，但费用可变化后把剩余的人员安排到具有革新性的工作中去就会变得有价值，从遵守雇用员工的法律法规的前提来考虑，人工费变动化是比较困难的，但必须努力去做。

需求呈季节性变动的情况下，通过变动出勤方式来应对变化能取得很好的效果，增产时通过加班和休息日出勤来调整。到了减产的时候，仅用正式工在正常工作时间内就能完成生产任务的条件，制订正式员工的录用计划。但对于雷曼经济危机这样的状态，仅靠这个方法是不行的。

减产的时候，从多出来的人中选出优秀员工。给这些人一些需要解决的课题，让他们从事具有革新性的改善工作。不景气的时候借助这些改善活动打造积极主动的职场。不景气时期采取的行动不同，脱离不景气时，实力的差距就会显现出来。

即使没有不景气，也不能因为有很多的人而简单把这些人投入生产线中，在人很多的情况下开动生产线。正常情况下是在考虑了员工年休因素的前提下，确定正式员工人数。当所有人出勤的时候，人就会多出来，这个时候，不是把所有人员都投入生产线，而是高效配置生产人员，把多出来的人抽调出来实施改善活动。时刻准备一些当人员多出来就可以推进的改善课题，这样当人员过剩时就可以开展改善活动了。

无论是在增产时，还是减产时，持续改善的弦总是不松懈，这样扎实地实施下去是非常重要的。

应对变化

◎水平A的条件

> · 年度变动型的生产，要有相应的出勤体系
> · 可以应对稼动时间变更、休息日出勤
> · 即使有人员增减，效率也不会降低的生产线体制

◎出勤体系变更

◎省人化→少人化

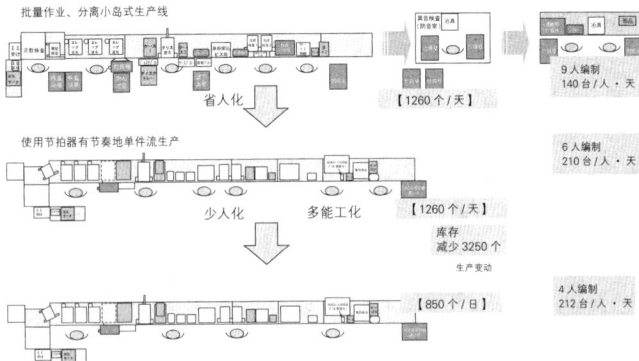

11-9 // 生产计划

第 3 章讲述了生产计划和确定生产的内容。

密切关注销售的信息，把大型商品的接单信息和一般通用商品的接单信息分开考虑，一般情况下接单量没有很大的波动，一定程度上较为平稳。那变化程度到底如何呢？我们试着对某种变动很大的季节性商品做过调查。如果看年度变化，最低和最高有将近 10 倍的差距，但如果取 1 个礼拜的移动平均来看，只有低于 20% 左右的波动。在生产制造里，两成左右的变动意味着是否要安排 1.5 小时左右的加班。

大型商品的接单信息方面，销售部门也会根据预测信息采取行动，生产可以利用这个信息研讨零部件的下单时机。但是，需要销售部门向制造部门实时传递这些信息。

以上是关于生产计划把通用商品、大型商品分开做计划和零件采购的内容。

大型商品确定生产的信息要以客户实际的订单为准，通用商品的生产以成品仓库的出货信息为基础来确定，这样就能切实做到只生产卖掉（成品仓库出货）数量的产品，不会出现不良库存。

这就是后补充式生产方式，在不能做到接单后生产的情况下运用。

另外，在实行按订单生产的时候，努力缩短从接到订单开始到出货为止的时间，能取得比其他竞争对手更有利的条件。但是，销售部门须在工厂生产周期缩短的基础上，充分考虑从接单开始到客户收到货为止的时间，与工厂的生产周期相匹配的问题。

无论是采取接单后、后补充式生产，还是计划生产的模式，希望各职能部门都致力于达成生产之后尽快发货、收回费用的目标。

◎生产计划

> ·通用商品根据仓库出货的信息安排生产
>
> ·提前3-7天，每天确定1天的生产计划
>
> ·把大件商品或接单生产与通用商品分开考虑

◎3定和先入先出管理

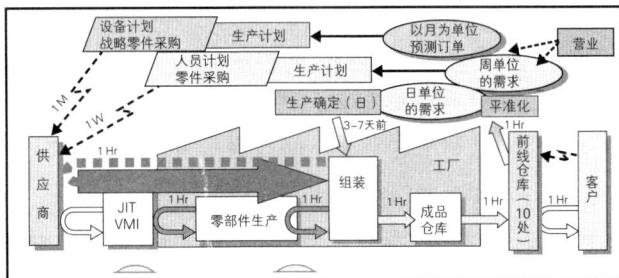

◎利用"KANBAN"进行后补充式生产

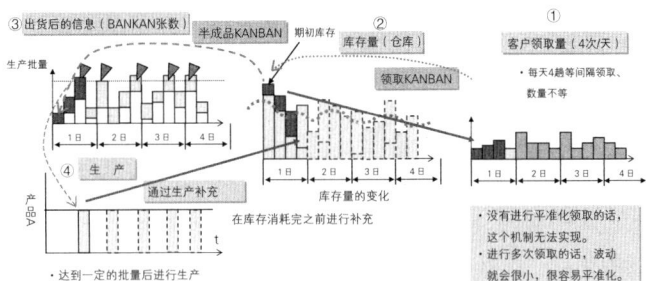

11-10 // 教育和训练

我希望大家能把教育和训练分开来考虑。

教育，是把不知道的事情让员工知道，主要通过 OFF-JT 的方式实现。

训练，是把知道的事情变成会做的练习过程。

以前员工往往不经过任何训练就被放到生产线上，通过看着前辈们怎么做，自己摸索着做。但近年来为了让员工能够尽早独立掌握需要某种技能的工作，实现没有不合格品的生产，很多地方制作了训练道场。

教育可以用 OFF-JT 的方式，但训练需要用 ON-JT 的方式，因为训练是需要员工利用身体来记忆的。

以往采用边工作边培训的方式是非常普遍的，这种方法的问题是花费时间长，过程中导致很多浪费。因此，需要寻找不在生产线里也能训练的方法，通过线外训练能大大缩短提高熟练度所需的时间。

对老师来说，下功夫寻找员工能够快速熟练的训练要点，也会使训练效果事半功倍。

在漫长的公司生活中，对从业人员来说希望得到怎样的培养？沿着这样的想法制订员工教育和训练计划，员工会在公司生活中得到适当的教育训练，本人得到成长的同时，公司也能获得发展所需要的人才，因此人的培养非常重要。

希望大家制订教育和训练计划的时候，和公司的人事制度紧密联系起来。

◎水平A的条件

> ·对在职员工有较为完善的教育和训练体系
> ·训练是以被训练者回到工作岗位后可以实践的内容为主
> ·与公司的人事制度相辅相成

◎保养岗位的技能水平提高

经验	1	2	3	4	5	6 7 8 9 10 11 12 13 14 15
年龄	18		30			40　　　　　　　　50
等级	C			B		A　　　　　　　　　S
技能	通用 ① ② ③ ④ ⑤ 特有 ① ②			通用 ① ② ③ ④ ⑤ 特有 ① ②		通用 ① ② ③ ④ ⑤ 特有 ① ②　　通用 ① ② ③ ④ ⑤ 特有 ① ②
专业知识	① ② ③ ④			① ② ③ ④		① ② ③ ④　　① ② ③ ④

◎训练录像的画面举例

要素作业

对象：螺丝锁紧
①全体印象

②工作要点
– 取出要领
– 送出要领
– 安装要领
…

③训练步骤
– 与动画同步取出零件
– 按照节奏取出
– 和动画同步送出
– 按照节奏送出

④评价
– 测定

00：25：00

管理项目 / 注意事项
· 工具名称 电动螺丝刀 0.8Nm
· 左手一次取 5 个落实

11-11 // 整流化的情况

所谓整流化，就是指消除物流路线的分支、合并、倒退和停滞（库存）的情况，使物流处在合理、高效、有序的状态。

复杂的物流路线没有任何可取之处，反而会造成库存增加、搬运工作增加、追查不合格原因困难，当然还有工数增加和占用面积增加等坏处。

那么要想把整流化做到等级 A 的水平需要做些什么呢？

1. 消除物流路线的分支与合并

因为空调和防止灰层的缘故，在单个房间里放置了很多相同设备的时候，不要因为有设备空着就进行生产，即使虚拟连线也可以，前工序 A 过来的零件要在指定的设备上进行加工。

2. 消除逆流，实行单件流生产

很小的零件很难做到单件流，对于这样的零件，可以实行成套流转。比如，制作可以放置 10 个零件的夹具，以夹具为单位搬运。

3. 把分支生产线放入主生产线里

把像零部件生产设备这样大型的设备放入主生产线是不可能的。所以可以用小夹具生产的东西，要抛弃在一个地方集中大批量生产，效率更高的想法。在主生产线上努力不产生分离小岛的工序，搬运工时和库存都能得到削减。

4. 缩短车间之间和生产线之间的搬运距离

相信大家已经实施了生产布局不变的情况下缩短搬运距离的活动，如果果断地靠自己变更生产现场布局，能用很少的费用取得很大的效果。

5. 画出工厂整体的物流路线图，开展重新审视物流的走向、明确物流课题、寻找合适的时机变动生产布局的活动。

整流化的状况

◎达到水平A的条件

> ·消除分支、合流、逆流
> ·将物流停滞时间做到1日以下
> ·使生产线之间、车间之间的距离最短

●改善前

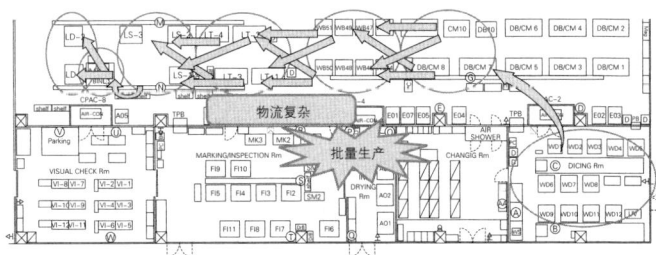

●改善后

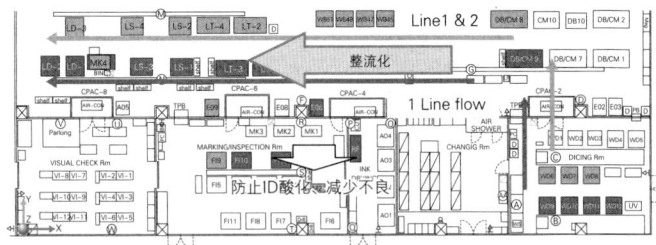

11-12 // 5S、3 定和先进先出

市面上有很多以 5S 为主题的书籍，5S 的内容广泛又深奥，在这里仅和大家谈一谈 3 定及先入先出管理。

在第 3 章已经讲了，3 定就是定物品、定位置和定量。

实施 3 定管理，为各种零部件（定物品）指定对应的地址编号（定位置）是关键。以下是确保零件有相对应的场地的措施：A）减少零件种类；B）减少零件的数量；C）给不同大小的零件分配合适的面积。其中 A 项内容需要的时间比较长，B 项和 C 项的内容仅靠现场的力量即可完成。

B 项要求通过重新审视下单量和收货量就能达成。

C 项要求为零件准备合适的容器就可以实现。

实施以上任何一个措施效果都会很大。

定量的数值是由使用量和供应商送货周期决定的，因为这个数值是变动的，所以要确定好最大值和最小值，这样就能做出正常还是异常的判断。

接下来是先进先出。每天都改变零部件放置的位置会浪费工时，所以需要移动零部件才能确保先进先出的方法不是很好。要努力建立不会导致额外工作的先进先出管理机制。

体积小的零部件可以通过把放入的方向和取出的方向分开，用货架倾斜的方式来实现先入先出管理。

重量较重的零部件，一般都是用叉车从里往外放，而取的时候都是从外往里取。这种情况可以和小型物品一样，采用滚筒传送带实现按照放置的顺序拿取，从而达到先进先出的目的。

但这样做会使现场布局的自由度下降。因此也要从减少放入零件的数量、利用简易的台车等简便移动方式上下功夫。

5S、3定和先进先出

◎达到水平A的条件

> ・实施了5S活动
>
> ・实施了3定管理
>
> ・不用花费额外的工时就可做到先进先出

◎3定管理和先进先出

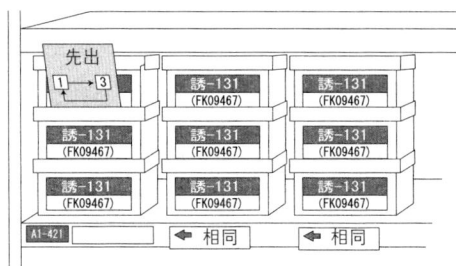

11-13 // 消除浪费的活动和职场运营

这里所说的消除浪费活动，是从组织中是否实行全体员工参与改善活动的角度进行评价的。

所谓全员参与，是期望工厂的高层关心消除浪费的活动，每年至少两次到现场，聆听下属花了几个月的时间做出的改善成果，公司高层出席现场改善成果报告会的话，部长、课长自然也会出席。

除了发表的人员外，让更多的人参与改善是很重要的事情。

作为组织工作的一部分，不是做 1—2 年就结束，而要永远持续下去，作为人员教育的一部分开展下去是保持持续性的重要保障。

每日进化是指改善活动不停止，在每天的工作中都带着创意下功夫，1 个月后现场就会发生变化。

关于职场运营，在第 10 章现场管理工具的介绍里已经讲过了。

职场要顺畅地运转起来，每天要在 7 个方面勤勤恳恳地努力。

下面把这 7 各方面的工作再列举一下：

1. 安全：为了工作场所里不出现伤害事故，需要所有人员注意哪些事情。

2. 环保：环境保护是做些什么。

3. 质量：为了消除质量损失，所有人员需要遵守什么。

4. 生产：为了让生产按照预定的计划进行，应该开展什么样的活动。

5. 成本：成本降低的活动有哪些。

6. 保养：哪些是全体人员需要实施的保养活动。

7. 人事：想创建一个什么样的职场，现在正在做什么。

消除浪费的活动和职场运营

消除浪费活动达到水平A的条件

· 活动达到自上而下全员参与的状态

· 活动有一定的持续性

· 即使程度很低，仍然保持每天都在进步的状态

◎ 管理板

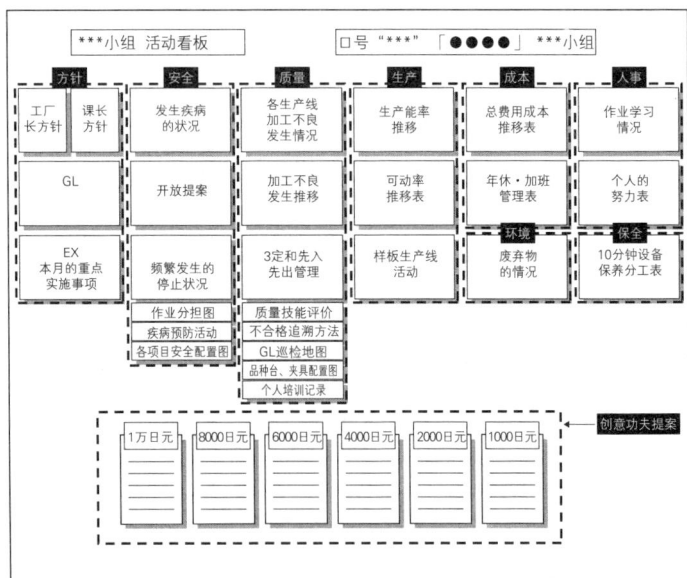

11-14 // 安全与环保

安全和环境方面，请大家参考第 10 章现场管理相关的内容。

创建一个人人遵守规定、规范有序的职场，怎么做会比较好呢？按照以往的经验，有监督管理的人员、上司要率先垂范。以前开展见面打招呼的活动，一般想法是下属先和上司打招呼，上司再和下属打招呼，很多上司是按照这个原则和下属打招呼，这不像是打招呼，更像是斥责。大多数人都会在别人打招呼时做出适当的反馈，所以下属打招呼时上司做出反馈是理所当然的事情。只有在下属打招呼前和他打招呼，才算是真正的打招呼。率先垂范的含义就在于此。

打招呼做到全体下属都回复，要花费近 6 个月的时间。所有和安全有关的各种各样的活动，只有踏踏实实地持续进行才会有成果。

关于环境，最好从与每个人密切相关的事情开始。例如实行垃圾分类处理、关灯开灯等。习惯是很可怕的，明明设备没有开机计划却一大早就把电源打开了，明明有扫帚却用吸尘器来清扫灰尘。

要改变这样的习惯，就要把全体人员变成上司，相互提醒注意，慢慢向养成好的习惯努力。

在自己的职场里，与全体人员就环境相关需要大家做的事情达成一致，并将决定的事项写下后贴出来也是比较有效的做法。

安全和环保

安全活动达到水平A的条件

· 碰到外部客户，全体人员都会主动打招呼

· 服装与劳防用品穿戴规范

· 全员遵守已决定的事项

环境保护达到水平A的条件

· 针对安全、环保、质量、生产、成本、设备保养、人事等各个方面：

　－均有明确的管理项目进行管理

　－制定指标推动职场变得更好

· 将各种各样的活动"可视化"

/后　记/

在这本书出版过程中受到多方帮助，我在此表示感谢。

在文稿修订方面，得到日本能率协会管理中心的齐藤亮介先生和松下 System Solutions 日本的金指三喜夫先生的很多帮助，非常感谢你们。

向为本书提供素材，我在丰田汽车和 Panasonic 任职时的上司和前辈、同事，还有和我一起工作过的部下表示感谢。

转职到丰田汽车的元町工厂后的十多年里，在元町工厂工务部和元町工厂成形部工作的经历对我的帮助很大。最初到元町工厂工务部第 2 设备科工作时，教导我保养设备的应有方法，和通过 SAT（Simulation Actual Training）精神提高维护保养能力的佐藤辰雄先生；调到成形部之后和我一起思考生产线如何运作的部下们，教导我推进公平评价和发扬挑战精神的渡边捷昭工厂长（现丰田汽车副会长）；为了拓宽视野和深化 TPS 思想让我兼任 TPS 主查的奥泉明广先生；在 BT2 活动中指导我注塑机快速换模和保险杠注塑时间减半的松岛威雄先生、桥爪聪宽先生；推行礼仪强化活动和指差活动等安全活动，提升效率、成本和运营相关评价指标等，让我广泛进行思考的部长时代；退休时工务部再次任命我为 TPS 主查和改革推进室主查，让我推进"为工厂持续发展开展组装生产线弹性化改善"和"削减72%工务部人员"大课题的伊奈功一工厂长（现大发工业社长）；另外，转职到松下电器产业（现Panasonic）后带我参观工厂和学习等的宝田和彦工厂长（现Trinity工业社长）等，感谢以上人员一直以来对我的帮助和支持。

特别是中村邦夫社长（现Panasonic会长）提出"库存减半"的要求，并作为生产革新活动强大的后盾，使得"Next Cell"的思想和"竹内塾"得到广泛普及。在Panasonic工作的不到6年的时间里，我去过660个事业场，竹内塾门生达550名以上，没有比这个更幸运的了。能做到这一步，也是得到了以牧野正志董事为首的多方支持，我从内心深处致以衷心的感谢。

竹内钲造

2011年1月

/译者简介/

邱晓勇

20 年以上制造型企业从业经历，曾就职于松下电器产业株式会社生产革新本部，负责推进东北亚地区 100 家工厂管理变革，曾与本书作者一起推进松下集团生产制造系统革新，是全公司"生产制造成果奖"评委、精益评估系统推行核心成员。现就职于国内某著名快消包装企业。

东方出版社助力中国制造业升级

定价：28.00 元

定价：32.00 元

定价：32.00 元

定价：32.00 元

定价：32.00 元

定价：32.00 元

定价：30.00 元

定价：30.00 元

定价：32.00 元

定价：28.00 元

定价：28.00 元

定价：36.00 元

定价：30.00 元

定价：32.00 元

定价：32.00 元

定价：32.00 元

定价：38.00 元

定价：26.00 元

定价：36.00 元

定价：22.00 元

定价: 32.00 元

定价: 36.00 元

定价: 36.00 元

定价: 36.00 元

定价: 38.00 元

定价: 28.00 元

定价: 38.00 元

定价: 36.00 元

定价: 38.00 元

定价: 36.00 元

定价: 36.00 元

定价: 46.00 元

定价: 38.00 元

定价: 42.00 元

定价: 49.80 元

定价: 38.00 元

定价: 38.00 元

定价: 38.00 元

定价: 45.00 元

定价: 52.00 元

定价：42.00 元

定价：42.00 元

定价：48.00 元

定价：58.00 元

定价：48.00 元

定价：58.00 元

定价：58.00 元

定价：42.00 元

定价：58.00 元

定价：58.00 元

定价: 58.00 元

定价: 58.00 元

定价: 58.00 元

定价: 58.00 元

定价: 58.00 元

定价: 68.00 元

定价: 68.00 元

定价: 68.00 元

定价: 68.00 元

定价: 68.00 元

"精益制造"专家委员会

齐二石　天津大学教授（首席专家）

郑　力　清华大学教授（首席专家）

李从东　暨南大学教授（首席专家）

江志斌　上海交通大学教授（首席专家）

关田铁洪（日本）　原日本能率协会技术部部长（首席专家）

蒋维豪（中国台湾）　益友会专家委员会首席专家（首席专家）

李兆华（中国台湾）　知名丰田生产方式专家

鲁建厦　浙江工业大学教授

张顺堂　山东工商大学教授

许映秋　东南大学教授

张新敏　沈阳工业大学教授

蒋国璋　武汉科技大学教授

张绪柱　山东大学教授

李新凯　中国机械工程学会工业工程专业委会委员

屈　挺　暨南大学教授

肖　燕　重庆理工大学副教授

郭洪飞　暨南大学副教授

毛少华　广汽丰田汽车有限公司部长

金　光　广州汽车集团商贸有限公司高级主任

姜顺龙　中国商用飞机责任有限公司高级工程师

张文进　益友会上海分会会长、奥托立夫精益学院院长

邓红星　工场物流与供应链专家

高金华　益友会湖北分会首席专家、企网联合创始人

葛仙红　益友会宁波分会副会长、博格华纳精益学院院长

赵　勇　益友会胶东分会副会长、派克汉尼芬价值流经理

金　鸣　益友会副会长、上海大众动力总成有限公司高级经理

唐雪萍　益友会苏州分会会长、宜家工业精益专家

康　晓　施耐德电气精益智能制造专家

缪　武　益友会上海分会副会长、益友会/质友会会长

东方出版社

广州标杆精益企业管理有限公司

標杆精益®
BENCHMARK LEAN

人民东方出版传媒
People's Oriental Publishing & Media
东方出版社
The Oriental Press

日本制造业 · 大师课

手机端阅读，让你和世界制造高手智慧同步

片山和也：
日本超精密加工技术
系统讲解日本世界级精密加工技术
介绍日本典型代工企业

国井良昌：
技术人员晋升 · 12 讲
成为技术部主管的 12 套必备系统

山崎良兵、野々村洸，等：
AI 工厂：思维、技术 · 13 讲
学习先进工厂，少走 AI 弯路

高田宪一、近冈裕，等：
日本碳纤材料 CFRP · 11 讲
抓住 CFRP，抓住制造业未来 20 年的
新机会

中山力、木崎健太郎：
日本产品触觉设计 · 8 讲
用触觉，刺激购买

高市清治、吉田胜，等：
技术工人快速培养 · 8 讲
3 套系统，迅速、低成本培育技工

近冈裕、山崎良兵，等：
日本轻量化技术 · 11 讲
实现产品轻量化的低成本策略

内容合作、推广加盟
请加主编微信